"流れ"の整理だけで会社が良くなる魔法の手順

知的資産経営のすすめ

有限会社ツトム経営研究所　所長
中小企業診断士、IT コーディネーター

森下　勉

目 次

まえがき ……… 004

第一章　企業事例 ……… 007
第一項　姫路ハウスサービス ……… 008
第二項　宮野食品工業所 ……… 016
第三項　中農製作所 ……… 027
第四項　あんしんケアねっと ……… 031
第五項　イカリ消毒沖縄 ……… 039
第六項　昭和電機 ……… 044
第七項　但陽信用金庫 ……… 062

第二章　"流れ"の改善 ……… 069
第一項　量、質、時間の考え方 ……… 070
第二項　昭和電機の場合 ……… 070
第三項　台形モデル® ……… 074
第四項　顧客のプロセスを見る ……… 076
まとめ ……… 077

第三章　ええとこ活用経営®のポイント（ストーリー化） ……… 079
第一項　木、花、実の成果は根っこ ……… 080
第二項　知的資産の分類 ……… 082
第三項　戦国三大名の場合 ……… 087
　1. 信長の「革新的、合理的な思考」（人的資産） ……… 088
　2. 兵農分離（組織資産） ……… 089
　3. 経済政策（組織資産） ……… 089
　4. 連盟（関係資産） ……… 090
　5. 物的資産を媒介にする ……… 090
　6. 豊臣秀吉の場合 ……… 091
　7. 徳川家康の場合 ……… 092
第四項　三井高利の場合 ……… 093
　1. 三井高利の沿革 ……… 093
　2. 三井高利の経営環境 ……… 093
　3. 三井高利のビジネスモデル ……… 094
　4. 三井高利の持続的成長のために ……… 097
第五項　たくましい会社の特長 ……… 099

第四章　BEN'sメソッド®の使い方 ……… 103
第一項　全体図 ……… 104
第二項　ワークシートに詳細を記載する ……… 105
　1. 沿革気づきシート® ……… 105
　2. プロセス見える化シート® ……… 106
　3. 違い発見マトリクス® ……… 114
　4. 変化予測表 ……… 116
　5. 経営環境への対応　優先順位評価 ……… 118
　6-1. 現在価値ストーリー ……… 119
　6-2. 将来価値ストーリー ……… 120
　7. 活動のマイルストーン ……… 121
第三項　価値創造のアクションプラン ……… 122
まとめ ……… 123

第五章　「ええとこ活用経営®」（BEN'sメソッド® ミニ版） ……… 125
第一項　ええとこモデル ……… 126
第二項　ええとこ探シート® ……… 128
第三項　資産リスト ……… 130
第四項　ストーリー化 ……… 130
第五項　変化予測表とアクションプラン ……… 132
第六項　戦略レポート ……… 132
第七項　知的資産経営報告書の作成 ……… 134

第六章　ローカルベンチマーク ……… 141
第一項　ローカルベンチマークの背景 ……… 142
第二項　ローカルベンチマークの活用方法 ……… 147
第三項　ローカルベンチマークはだれが活用するべきか ……… 149
第四項　ローカルベンチマークの記載方法 ……… 150

第七章　本質を見抜く目はコミュニケーション能力である ……… 161
WHYの5段活用 ……… 164
非財務指標のヒアリングのポイント ……… 166
森下勉の日々のつぶやき ……… 169
まとめ ……… 172

あとがき ……… 173

著者プロフィール ……… 175

まえがき

　中小企業基盤整備機構（以降中小機構）が発行した「中小企業のための知的資産経営マニュアル」によると、我が国では2005年に知的資産経営の開示ガイドラインが経済産業省より公表され、翌年から取り組みが始まりました。

　その背景には、少子高齢化により、国内経済規模拡大が困難な状況になっていること、グローバルな競争が激化しコスト競争では新興国には勝てないこと、そして知識社会への移行が進むことで無形資産の価値が増大していることがあげられます。

　ここで勝ち抜くには、自らの固有の力を活かし、商品やサービスの差別化を通じて価値・利益を創造・実現することが不可欠になっています。そこで、他者との差別化、短期のみでなく持続的な利益の実現を可能にする「知的資産経営」が着目されてきました。

「知的資産経営の開示ガイドライン」（経済産業省2005年10月）によると、知的資産経営報告の目的は、

① 企業が将来に向けて持続的に利益を生み、企業価値を向上させるための活動を経営者がステークホルダー（社員、取引先、債権者、地域社会等）に分かりやすいストーリーで伝え、

② 企業とステークホルダーとの間での認識を共有する。

となっています。

また、基本的原則として、

① 経営者の目から見た経営の全体像をストーリーとして示す。

② 企業の価値に影響を与える将来的な価値創造に焦点を当てる。

③ 将来の価値創造の前提として、今後の不確実性（リスク・チャンス）を中立的に評価し、対応を説明する。

④ 株主だけでなく自らが重要と認識するステークホルダーにも理解しやすいものとする。

⑤ 財務情報を補足し、かつ、矛盾はないものとする。

⑥ 信憑性を高めるため、ストーリーのポイントとなる部分に関し、裏付けとなる重要な指標（KPI・P32）などを示す。また、内部管理の状況についても説明することが望ましい。

⑦ 時系列的な比較可能性を持つものとする。（例えばKPIは過去２年分についても示す）

⑧ 事業活動の実態に合わせ、原則として連結ベースで説明する。

とあります。

私は、ご縁をいただき、2006年の開示時期から関わり、今までに2,000社以上の企業に知的資産経営のよさを伝え、構築・運営の支援をしてきました。

　知的資産経営はマネジメントシステムのひとつです。どのように取り組めば事業価値向上に活かせるか、支援手法の手順の改善や進化に取り組んできました。

　知的資産経営を有効に活用するポイントは、違い（とがり）を見つけ（生み出し）、それを繋げ（ストーリー化）、顧客提供価値を実現することだと考えました。

　その手順は、

①社内外の知的資産を洗い出し、

②顧客の「なりたい明日」（その先の顧客への提供価値）を明確に捉え、

③他社との違いや、顧客提供価値に向かう各資産の価値を評価し、

④その違いを繋げ、とがらせる活動（戦略）を決め、

⑤それを実践し、見直して次の活動を行うこと

です。

　この手順によって業績が向上した企業がたくさん出ていることを実感しています。この手順を「BEN'sメソッド®」（P103）やその簡易版である「ええとこ活用経営®」（P125）としてフォーマットとともに示し、取り組みの手順を解説しています。

　業績向上のポイントは「流れを整理」することです。

　「流れ」とは、事業の流れ、業務プロセスの流れ、価値の流れ、企業内部や企業を取り巻く顧客などのステークホルダーとの円滑なコミュニケーションの流れです。

　「流れているもの」は価値です。見える資産である物的資産や財務資産以外に、人材力や技術力、協力会社との連携力などの「見えざる資産」の価値です。

　そして、それらの流れは、お客さまへ価値を提供したあと、フィードバックとしてお客さまから価値をいただくことで循環を描きます。

　お客さまからいただく価値にはキャッシュフロー等の見える資産だけでなく、評価や賞賛、リピート、ご紹介、時には苦情・クレームがあります。これらも知的資産であり、企業が継続するために必須の資産です。いただいた価値をどう活かすかも大切な視点になります。

　「流れ」は循環しています。「流れ」の要素は「知的資産」です。どのような「知的資産」がどのように流れているのか、その流れを整理することで事業価値向上に繋がります。その結果、流れをスパイラルアップさせていくことが企業価値向上になると考えています。

いわば価値は輪廻転生しているのです。

　また、経済産業省や金融庁から、事業性を評価（理解）するためのツールとして「ローカルベンチマーク（略称ロカベン）」や「金融仲介ベンチマーク」が開示され、金融機関や支援機関はその活用を求められています。

　「ローカルベンチマーク」構築は2015年より開始されました。私も委員の一員として関わらせていただき、その非財務情報の洗い出し手法に、本書で説明させていただく「ええとこ活用経営®」のシートが参照され、その有効性が評価されています。

　金融機関や支援機関からの評価や理解を待つのではなく、企業自らローカルベンチマーク等を使って事業内容を可視化し理解を求め、共感の得られる金融機関や支援機関を選ぶ時代に入ったともいえます。

　本書では、どのようにして"流れ"を整理し改善するかについて事例を示して説明し、企業の皆さんに役に立つよう、その手法を解説しました。有効に活用され企業価値が向上することを期待しています。

第一章

企業事例

まずはどのような知的資産が、

どのような流れの改善になっているか、

各企業の取り組みを紹介する。

| 第一項 | **姫路ハウスサービス** |

企業名	姫路ハウスサービス株式会社
代表者	中島 弘堂
住　所	〒670−0952　兵庫県姫路市南条1丁目133
URL	http://www.himejihouse.co.jp/
事業内容	プレハブ建築の請負・設計・監理、および販売、仮設用ハウス・コンテナハウスの賃貸、および解体移設、仮設用トイレ・設備品の賃貸
資本金	2,000万円
社員数	25名
設立（創業）	1977（昭和52）年12月

■創業の経緯

　姫路ハウスサービスの代表取締役である中島弘堂氏は、建築業をしていた父親の背中を見て育った。しかし、父親は病のため入退院を繰り返し、ついに建築による大きな夢を叶えることなく亡くなった。自宅玄関にあった建設業許可証が中島氏の心に残った。

　父親が実現できなかった夢を実現することを目標に、同じ道を歩もうと思い、大手建設会社に勤めた。

　しかし、いくら頑張っても成果を正しく評価されなかった。これでは自己実現や父親の夢も実現できないと考えた。そして、社員を正しく評価する会社、社員が自己実現ができる会社を作ろうと独立を決心する。

1. 企業概要

　同社は、中島氏が30歳の時、当時新しい工法であったプレハブ建築を通して、社会の役に立ちたいという思いで設立した。以来、プレハブ・ユニット建築とそのリースおよびレンタルを通して、あらゆる用途のスペースの提供を行ってきた。

　当時のプレハブ・ユニット建築は、企画・設計・見積もり・施工まで一貫した社内体制ではなく、規格化されて融通が利きにくいものであった。

　そこで同社は、顧客のプランが活かせる特注品・フリープラン等、大手が対応しにくいオーダーメイドのプレハブ建築を実現してきた。また、プレハブ・ユニット建築に要する作業スペース・時間の徹底的な削減によって、ローコストかつ工事期を在来工法の3分の1に短縮し、顧客の信頼を得ている。

　現在は、建築現場の事務所や仮設校舎、緊急時の仮設住宅、期間限定のイベント施設等のプレハブ建物のリースおよびレンタルなど、ゼネコン向けの売り上げが主流を占めてい

る。今後は、顧客からのニーズの増加に対応する中古プレハブ市場、同社の特徴を活かした一般ユーザー向けのオーダーメイドのプレハブ建築に力を入れて、さらなる成長を目指す。

2.知的資産経営のきっかけと目的

中島社長が知的資産経営報告書を知ったきっかけは、2009（平成21）年に地元の但陽信用金庫から知的資産経営セミナーの誘いを受けたことからである。「何だか面白そうだ」という軽い気持ちで参加する。社内では7、8年前から事業承継や若手幹部の育成を視野に入れて経営企画会議を組織化していた。しかしながら、若手に社長の創業時の思いが十分伝わっておらず、経営者と社員で意識が共有できていないと感じていた。

但陽信用金庫の知的資産経営セミナーに社長自身が参加して、社長が一人で頑張る経営ではなく、社員を巻き込む方法として知的資産経営報告書の作成が適していると考えた。当初の目的は、その作成プロセスを通して、事業承継を視野に入れた社員教育ツールとして活用することだった。

3.取り組み実績

（1）作成物と作成期間

2009（平成21）年、但陽信用金庫の知的資産経営セミナーに中島社長が参加、その後、同金庫主催のグループワークに2回参加し、概略を作成した。その後、2010（平成22）年、森下サポートの下、社内で4カ月かけて知的資産経営報告書を作成。2011年には中小企業基盤整備機構の「事業価値を高める経営レポート」（※知的資産経営報告書のサマリー版）も作成した。

http://www.smrj.go.jp/keiei/dbps_data/_material_/b_0_keiei/chitekishisan/pdf/keieireport_jireishuu12-17.pdf

（2）支援体制

但陽信用金庫の知的資産経営セミナー参加後、森下による個別支援が始まった。支援内容は、幹部会でのディスカッションのコーディネートや、知的資産経営報告書にまとめる作業のサポートである。模造紙にポストイットを貼って考える方法のアドバイスや、ディスカッションの雰囲気作りを行い、最後は参加者が笑いながらディスカッションができるまでになった。訪問支援は5回行われた。

（3）社内体制

幹部会で知的資産経営報告書をまとめるための議論を行った。幹部会の構成メンバーは、社長、各部門・営業所の責任者など、異なる分野の幹部社員、合計7名である。

（4）データ集め

　幹部会で手順を説明し、自社の顧客に対して提供できる価値とその要因などの分析について、全社員から意見を集めることにする。部下から聞き取り調査を行い、幹部会で発表した。全社員への意見収集は、5回に分けて繰り返し行った。

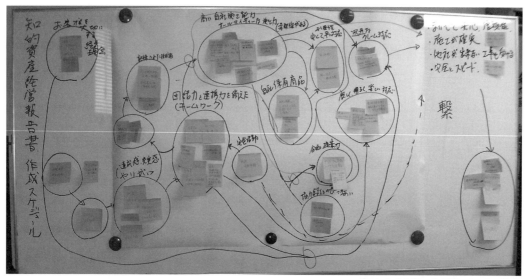

ポストイットを使った価値ストーリー整理

　この写真は、社員の意見が書かれたポストイットを整理した模造紙である。
　基本的なやり方はKJ法を用いる。
　同じ意見をグループ化し、名札（まとめ）を付ける。
　その名札のインプットとアウトプットの関係性を検討し矢印で繋げる。
　例えば、「高い自社成功能力」という名札のインプットは何かをみんなで考える。この場合は、「訓練された技術者」や「団結力と連携力を備えたチームワーク」がその元と定義し繋げる。
　また、「訓練された技術者」がいるのは何故か、「団結力と連携力を備えたチームワーク」がある理由を考えて定義し繋げる。順次、価値の元をたどりながら源流を上がっていく。
　一方、価値の流れに沿って下流に向かって、「高い自社成功能力」が何を実現しているかを次の価値に繋げる。この場合は「利便性・安くて早い対応」等を定義している。
　矢印の流れの源泉は経営者の思いやビジョン、ミッションになり、下流のゴールは顧客への提供価値になる。経営者の思いが顧客提供価値として、どの程度実現できているかが事業価値評価の判断になる。
　また、同じ名札の中でポストイットが多い場合は社員の考えが共有されている証明になる。矢印の出入りの多さは価値が多面的に活用されていることの証明であり、その重要度

を示すことになる。

ポストイットを使って価値をストーリーで示すことで事業の見える化ができ、会社そのものが分かることになる。

４．活用とその効果
（１）対外的な活用と効果

営業面では、規模の大きな新規取引先から会社案内の提出を求められた際、会社案内を作成していなかったため、知的資産経営報告書を営業に持たせたところ、「完璧だね」と言われた。時間をかけてアプローチしていた相手に、知的資産経営報告書を提出したことで評価を得、取り引きが始まり、現在も継続的な取引先となっている。

また既存の取引先に提出したところ、これから知的資産経営報告書の作成に取り掛かる予定だということで、早期に報告書作成に着手していた同社に対する評価が高まった。

しかしながら、同社は知的資産経営報告書を積極的に外部に発信していない。取引先が詳しく掲載されており、競合企業の目に触れることがリスクであると認識しているためである。

（２）社内的な活用と効果

知的資産経営報告書の作成に取り組んだことによって、経営者、社員双方に大きな変化があった。

従来、会社のことは全て役員会で決め、トップダウン形式で社員に伝えていた。知的資産経営報告書を作成する過程で、幹部を通して直接社員の意見を吸いとる仕組みができ、従来のように歪曲されたり粉飾されたりすることなく、的確な情報が上がることになる。これにより、正しい経営判断が行えるようになったと感じている。社員に対して、積極的に意見を聞く姿勢を示したことで、信頼関係が深まったとも感じている。

社員に対する効果としては、作成過程を通して、自分たちが顧客に提供している価値の源泉を"ファイブパワー"という言葉に表すことができ、社員全員が共有できたことである。"ファイブパワー"は、同社の知的資産で、「団結力」、「施工力」、「迅速力」、「連携力」、「責任感」である。社員の団結力をベースに、少数精鋭のメンバーで、営業部は顧客の立場に立ったミーティングを徹底して行い、工事部と連携する。工事部は安全で迅速な責任ある施工を行うことで、同社が顧客に提供する価値である「まかせて安心」を実現している。この"ファイブパワー"という共通認識のもと、全社員が自発的に行動するように意識改革されたことによって、営業や業務改善に取り組み、その結果、売上増加、コストダウン、経費削減等が実現した。厳しい経営環境下でありながら、事業計画の計画値を上回る数字上の成果も出ている。

5．作成と活用で苦労した点
（1）知的資産経営報告書の作成にあたって苦労した点

　報告書を作成するに際し、全員から意見を収集する段階で、最初は抵抗感のようなものがあったと思われる。しかし、意見の収集を繰り返し行うことで次第に解消されていった。

（2）知的資産経営報告書の活用にあたって苦労した点

　外部向けに積極的な情報発信は予定していなかったため、活用についての苦労は認識していない。自社の戦略や取引先が知的資産経営報告書に表れるため、外部への情報発信のツールに用いることは難しいと考えた。ただし、新規に計画している一般ユーザーを対象にした事業では、積極的に情報発信をしていく必要があり、それに合わせた形で別途作成することも検討している。

6．自己評価

　知的資産経営報告書の作成目的である、経営陣と社員の意識の共有化ができ、一体感が生まれたことが成果としてあげられる。また、当社の価値の源泉が"ファイブパワー"として明確になり、社員が自立的な行動をとる意識改革をもたらした。

7．支援についての要望（中島社長より）
（1）作成段階の支援

　但陽信用金庫の知的資産経営セミナーに参加した際、他者も参加したワークのため経営者同士が切磋琢磨し、お互いのよいものを活かせるような気づきが得られた。こういったセミナーの機会を作ることは有効であると考える。

　また、5回の専門家派遣を利用したが、もう少し時間をかけて作成すれば、よりよいものができたと考えている。支援の期間や回数について、柔軟な対応を期待する。

　知的資産経営報告書の継続的な作成に関しては、作成プロセスは一度関わった幹部社員であれば十分できると思われるため、内製化は可能である。ただし、アドバイザー的な立場でコメントを貰ったり、普段文章作成に慣れていないため、効果的に伝えるためのコンパクトな文章作りのサポートは必要と考えている。

（2）活用段階の支援

　作成した知的資産経営報告書の活かし方については、企業側の問題なので、支援は必要とは考えていない。

　ただ、金融機関等が主催して行った発表会は、参加した企業同士のネットワーク作りに有用であった。また、展示会等を開催して各社のPRブースを設ける等、知的資産経営報告書を作成した企業に対する積極的なビジネス交流の場を設けるような活動を期待する。

8．その後の大きな成果

　知的資産を整理し、姫路ハウスサービスの中にある見えざる資産を価値ストーリーにまとめて「見える化」したことで、後継者が名乗りをあげた。

　中島社長が後継候補と考えていた西田専務である。西田専務は経営を継ぐ気はなかったが、会社の強みが見えたことで「ここで終わらせては駄目だ」と感じ、会社を引き継ぐ決心をした。

　中島社長は後継者が見付からないために廃業を考えていたのだが、社員らが集まり、自社の価値は何かと考えた結果、価値の源泉（知的資産）として、社員の団結力があることが分かった。少数精鋭のメンバーで、営業部はお客さまの立場に立ち、徹底したミーティングを行い工事部との連携を取る。工事部は安全で迅速な施工で責任ある工事を行い、『まかせて安心』をお客様にお届けしていることが価値の連鎖として認識できたのだ。

　このことが西田専務が事業を引き継ぐ決意に繋がった。

　同社の事業承継は、NHKクローズアップ現代『黒字企業が消えていく～自主廃業３万社の衝撃～』に取り上げられた。

　毎年黒字企業が３万社ずつ廃業し、国内の技術ノウハウが消滅や流出しているという問題を、事業の「見える化」をすることで事業承継が円滑に進んだ事例として紹介された。

姫路ハウスサービス 知的資産経営報告書より①

姫路ハウスサービス 知的資産経営報告書より②

姫路ハウスサービス 知的資産経営報告書より③

9．まとめ

　同社は、知的資産経営報告書の作成を外部情報発信ツールとしてよりも、理念の浸透や社員教育を念頭に置き、作成のプロセスに重点を置いて取り組んだ。従前は、トップダウン型の経営を行っており、幹部が社員に向かって売り上げ等数字について伝えても、上滑りな感じがしており、経営理念の理解が不十分な現状では、仕事への取り組みに対する本

気度が違うと感じていた。

　しかし、知的資産経営報告書の作成を通して、経営側と社員側の相互理解が進み、普段のコミュニケーションや会議の場面で互いの心のバリアーがなくなった。バリアフリー状態になると、社員からいろいろな提案が上がってきて、経営側も「任せる」という信頼関係ができてきた。納得して真剣に業務に取り組むため成果も上がるという好循環に変わった。

　知的資産経営報告書を作成するプロセスを経て、経営側が社員の意見をよく聞くようになり、社員側も意見を言うようになるという、経営陣と社員の信頼関係が深まったことが成果としてあげられる。知的資産経営報告書は外部に公表すると、競合企業の目に触れるという不安材料もあったが、それよりも長期的な視点で、社内の充実を優先させたかったと振り返っている。

　西田氏が後継者となったことで、さらに社員の自己実現や顧客への提供価値を高める意欲が増し、それが成果を生み出している。内部の価値を「見える化」することで、事業承継や社員のモチベーション向上、自己実現に繋げ、新規顧客開拓や既存顧客との連携強化に役に立った事例となった。

　知的資産経営報告書は、2010年のあと、2014年、2016年に事業の見直しを行い、改訂し、活用している。

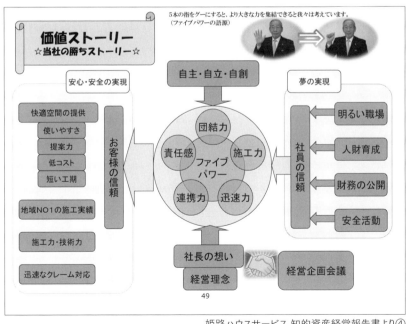

姫路ハウスサービス 知的資産経営報告書より④

第二項　宮野食品工業所

企業名	株式会社宮野食品工業所
代表者	宮野　紳一朗
所在地	本社工場：新潟県新発田市中田町3-1297-1
	製菓工場：新潟県新発田市岡田1597-12
事業内容	食品(惣菜、菓子、メンマ、おこわ、餡等)の製造・販売
資本金	1,200万円
社員数	70名(パート含む)
創業	1950(昭和25)年
設立	1963(昭和38)年
主要取引先	市場、商社、問屋　→　量販店

　宮野食品工業所は、昭和25年に創業した歴史ある会社である。戦後の物不足の時代から、環境の変化に柔軟に対応することで継続的な発展を遂げてきた。

1. 企業概要
　宮野食品工業所は、惣菜、菓子、メンマ、おこわ、餡等食品の製造・販売を行っている。

(1) 沿革

1950(昭和25)年	新潟県新発田市にて宮野製餡所を創業
1963(昭和38)年	法人に組織変更
1970(昭和45)年	しお豆の製造を開始
1982(昭和57)年	新工場竣工移転
1985(昭和60)年	第二工場竣工
1991(平成3)年	直営売店「亜月亭」オープン
2006(平成18)年	ISO9001認証取得

　　　　　　　　株式会社きむら製菓を買収
2007（平成19）年　製菓工場にて菓子の製造・販売を開始
2017（平成29）年　「栗秋楽」が、「第27回全国菓子大博覧会」で2,000品を越える出品の中か
　　　　　　　　ら、最高賞である「名誉総裁賞」を受賞

（2）事業目的

　全社員の物心両面の幸福を追求するとともに、食を通じて人類の健康と、社会の平和、発展に貢献すること。

２．取り組みのきっかけ

　2014（平成26）年に事業承継が行われた。新社長の宮野紳一朗氏はこの機会に100年企業への基礎作りを目指すとし、そのために体制の刷新を行なった。

　事業刷新のテーマは、企画開発部の新設。これまでの「トップダウン型」や「既存商品改良型」を、これからは「マーケットインの発想」、「新規分野参入」へ変えていくことが課題にあげられた。

　地元にある（公財）にいがた産業創造機構（以下NICO）に相談し、自社の見えざる資産を洗い出して事業の再構築を行うために知的資産経営に取り組んだ。

　また、社長の思いは、このワークショップを通して、

「経営目線のある人材を育成し、激変する時代に即応できる、強くて優しい企業を目指す」ことでもあった。

　　　100年企業への基礎作り
　　　　・「トップダウン型」からの脱却。「家業」から「企業」へ
　　　　　　→フィロソフィーの共有、自ら考え、動く組織
　　　　・「職人型ものづくり」からの脱却
　　　　　　→ノウハウのデータ化、標準化、多能工化
　　　体制の刷新
　　　　・経営者人材の育成
　　　　・商品開発力の強化のため、企画開発部の新設

　NICOでは、知的資産経営のワークショップが行われており、新体制の４つの分野の各部長（開発・品質管理部、製造部、営業部、総務部）が参加した。

　私はNICOのワークショップに４年前から関わっており、同社の支援を行うことになった。支援におけるツールとしてBEN'sメソッド®（Business Effective Notebook）を用いた。このメソッドは与えられた項目を埋めていくことで、知的資産の洗い出しから、戦略の立案、

実施、見直しが自ずとできあがるワークシートになっている。

3. BEN'sメソッド® による支援

BEN'sメソッド® の概要

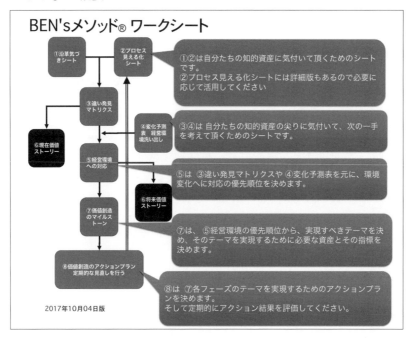

各シートの位置づけ

	●知的資産経営 戦略レポート：ワークを行った結果をまとめるためのシートです。
洗い出しのフェーズ 知的資産 気づきと	①沿革整理・分析表 　企業沿革を洗い出し、整理します。 　沿革を整理することで蓄積されてきた知的資産に気づき、その意味を知ることができます。 　事業展開の変化点管理ともいえます。 ②業務プロセス分析の洗い出し 　業務プロセスを丁寧に洗い出すと隠れていた知的資産や改善テーマなどが明確になります。 　顧客提供価値も検討します。 ①②のシートから知的資産を洗い出します。 　言い換えると①②のシートは知的資産を洗い出すためのツールという事になります。 　詳しくは手順を参照して下さい
戦略立案のフェーズ	③自社らしさ(違い)発見マトリクス 　自社とライバルや世間等を比較することで、自社の違い(尖り)を発見します。 　違い(知的資産)を生かすことは戦略として重要な要素です。 　違いを見つけ、違いを活かす方向を洗い出します。ここでも顧客提供価値を検討します。 　＊この段階で、価値活用ストーリーを描きます。(⑥価値創造ストーリー のフォーマットを使用します) ④変化予測表 経営環境洗い出し 　自社と自社を取り巻く経営環境の変化を分析し、自社の取るべき方向を検討します。 　詳しくは手順を参照して下さい
戦略決定フェーズ	⑤経営環境への対応 優先順位評価 　戦略立案のフェーズで提議された対応を、重要度と緊急度から優先順位を決めます。 ⑥現在価値ストーリー 将来価値ストーリー 　企業資産の繋がりをストーリー(矢印で繋ぐ)で示します。 　価値活用ストーリーと比較することで、⑦価値創造のマイルストーンの作成に繋げます。 　ストーリーで繋げることで経営全体を俯瞰することができ、将来展望や多くのメリットを得ることができます。
実行・検証 見直しフェーズ	⑦価値創造のマイルストーン 　戦略を確実なものにするため、戦略テーマごとに必要な資産を定義します。 ⑧価値創造のアクションプラン 　戦略が確実に実行され、検証を行い、見直しをするためのシートです。

BEN'sメソッド® のワークシートは、知的資産を洗い出し、その知的資産を活用することで事業価値を高め、将来へ戦略構築するためのシートである。ワークシートの手順に沿って作業を行うことで、《洗い出し・気づき、立案・決定、実行、検証・見直し》がシステマチックに構築できる。

（1）沿革分析

創業からの沿革を整理する際のポイントは、その当時提供していた「商品やサービスの特長」から「顧客に提供していた価値」を定義すること、その価値を生み出すための取り組みや人的資産などの「知的資産を洗い出す」ことになる。

同社は創業時は、生餡の製造を行っていた。当時新潟には煮豆屋はなく、社長がしらみつぶしに営業活動を行って、和菓子屋や地元の料理店などに販路を開拓した。（人的資産）

1973（昭和48）年に知人（関係資産）の紹介で青エンドウ豆の加工を手掛け、社長のアイデア（人的資産）で商品化を行い生産が追いつかないほど高い評価を得た。

その後、他メーカーの品質劣化が問題になり、風評被害により売り上げが低下するも、社長の営業活動で信用を回復することができた。

さらに、メンマ加工やおせちなど新製品を市場に投入し、売り上げを伸ばしていく。売り上げの上昇に伴って納期や製造ロット管理、製品規格の整備（組織資産）などの品質の向上で、顧客ニーズへの対応を次々に改善していく。中華惣菜等もシリーズ化することで顧客満足を高めた。

2006（平成18）年になり製菓工場の買い取りやISO9001の認証取得（組織資産）を行い、業績の向上を進めていく。この頃になると自社の柱製品となる「しお豆」の売り上げが伸びてくる。これは、製造方法（組織資産）に工夫があり、皮が残らず柔らかい、食物繊維が豊富、絶妙な塩加減、手軽にいろいろな料理に使える、小さな子どもからお年寄りまで幅広く食べられる、酒のつまみにぴったりという特長があり、「食べる楽しみ・満足」という顧客提供価値があったからだ。

この顧客提供価値を実現するために、知的資産として、

- 取引先との友好な関係構築（関係資産）
- 素材の厳選（組織資産）
- 季節に合わせた製造方法の調整（組織資産）
- 一釜一釜手作り（組織資産）
- マニュアルではなく人から人への伝承による製法（組織資産）

などが「見える化」された。

そして、会社の売り上げアップや新製品開発の要因を探ると、関係資産である「ご縁」によることが多いことに気づいた。今後も「ご縁」を大切に、関係資産の価値向上に努め

ることの重要性も「見える化」できた。

（2）業務プロセス分析

業務プロセス分析は、業務の流れを分析することで、各業務プロセスの中に潜んでいる見えざる資産（知的資産）の「見える化」や、顧客提供価値に繋がるストーリーを社員が知ることで業務改善に繋がり、社員の気づきや意識改革、モチベーションの向上を図ることができる。

プロセスを分析するポイントは「時間」であり、プロセス時間が短いものに強みとしての「知的資産」があり、時間がかかっている場合は逆に「知的負債」があると考えられる。プロセスが円滑に進み、GOOD-POINT がありそうなプロセス、あるいは逆に時間がかかり手戻りの発生など、知的資産や知的負債のありそうなプロセスについて、「なぜ、なぜ」「その訳は？」「その秘訣は？」「その理由は？」と問いながら検討することで、的確なプロセス分析が可能になる。

時間は見えない重要な経営資源で、企業の規模にかかわらず平等に与えられており、その時間を有効に使うことは企業競争において重要な戦略となる。

また、現場レベルの詳細な業務プロセス分析は、業務マニュアルとして利用できる。

同社の業務プロセスは、企画開発→商談準備→商談→受注→製造計画→製造→出荷→アフターフォローという流れになっている。また別途、検査や機械メンテナンスもプロセス分析を実施した。

例えば企画開発プロセスでは、下記の GOOD-POINT が洗い出された。
- 自社開発である
- 顧客の要求に合わせた商品開発ができる
- 品質重視の風土、的確なアドバイスをしてくれる人がいる
- 製品の幅が広い
- 大学との連携
- 新分野への挑戦
- マーケティングに売店が活用できる

そして、これらを生み出している知的資産として、右の資産が洗い出された。

一方、業務プロセスを分析する中で、開発のスピードアップ化や社内情報の共有の促進など、各プロセスで改善すべき課題も「見える化」された。

人的資産	・会長・副会長・監査役の存在 ・社長の顔
組織資産	・開発が会社の柱として位置づけされている ・品質重視の風土 ・人間教育 ・専門知識のある人を雇用 ・技術が幅広い
関係資産	・他社との協力関係（OEM） ・社長の人脈 ・業者からの知識を利用できる ・業者との信頼関係 ・大学との連携
その他	・直売店がある ・開発に集中できる職場環境

宮野食品工業所 知的資産

（3）違い発見マトリクス

　「違い発見マトリクス」は、自社と他社の違いをマトリクスにして考えるフェーズである。自社と他社を比較し、それぞれが持っているあるいは実施しているもの、その逆で持っていない、または実施していないものをマトリクスで整理する。

　自社と他社との知的資産や活動等を比較することで現状分析ができるようになり、その違いから他社との差別化の要因が発見できる。他社との差別化が可能になれば将来のビジョン構築も容易になる。また定期的に見直すことで継続的な戦略の見直しが可能になるなど、幅広く活用できる。

他社との差別化要因の強み

- ・他社が真似できない技術力
- ・差別化できる品質（しお豆、中華、おせち）
- ・独自の製法（おせち）
- ・独自の技術と製法（培った知識と技術）
- ・ノウハウ（豆）
- ・一釜一釜手作り
- ・心をこめた製品
- ・手作りを大切にする風土

		他社	
		している	していない
自社	している		
	していない		

違い発見マトリクス

　などが高い点数として「見える化」できた。

　一方、他社と比較して改善を進めるべき事項として、会社が大きくなり組織が縦割りになってきたことで社内のコミュニケーションが不足しがちになり、さらに製造を効率化する必要性や、外部発信が弱いなどの課題が「見える化」できた。

（4）変化予測表

　変化予測表は会社を取り巻く経営環境を、見落としがないようできるだけ細かく検討し、過去から現在、今後起こりうる事象を洗い出し、自社への効果や影響、それらに対してどのように対応するのかを検討する。

検討する経営環境

顧客：ニーズ、流通チャネル、製品・サービスの利用方法

マーケット：ニーズ、流行、成長分野、販売流通チャネル、製品・サービスの利用方法

技術変化：技術ニーズ、革新、新しい製品、新しい技術

自社業界：業界ルール、常識、流れ、傾向

競合：製品、サービス、価格、技術、ノウハウ、提供方法、販売チャネル、販売促進手法、

納期管理力、新規参入

仕入先・協力者：品質、提供方法、価格、ニーズ、社員、経営方針

日本・世界：政治、経済、法規制、文化、社会、対外国

自社：経営者、社員、設備、技術、組織、風土、文化

今後の変化

　例えば、「顧客」「マーケット」では、コンビニでの高齢者向け商品の充実化、ネット販売・宅配サービス増加、地産地消文化の見直し、和食（無形文化遺産）、日本の食文化見直し等があげられた。

　「技術変化」では、エコ素材、包装資材の簡素化、賞味期限の長期化（レトルト、真空）、冷凍流通品の増加、機械化、ロボット製造等があげられた。

今後の対応

　ドラッグストアやコンビニ向けの新商品開発、インターネット環境の整備（Twitter、Facebook）、地元の素材を使った商品、エコ素材、包装資材の簡素化、製造環境の整備、製造コスト削減、原料品質の管理、製造条件のデータ化などがテーマとして「見える化」できた。

（5）価値沿革ストーリー

　価値沿革ストーリーは、沿革分析や業務プロセス分析、違い発見マトリクス、環境変化予測等から過去、現在、将来に対して、何がなくなり、何が生まれ、何をなくし、何を作るか、という変化を整理することである。

　同社では、変えてはいけないものとして、経営理念（ものづくりの心得）、品質重視の風土、取引先との信頼関係、技術、ノウハウがあげられ、これから作りあげていくものに、宮野フィロソフィー、さらなる理念浸透や人間教育、部門別採算制度、組織経営、機能性商品やコンビニ向け商品・コラボ商品の開発、新分野（医療・介護分野）への進出、またデータ化、マニュアル化、機械化、産学共同開発等があげられ、今後の方向性が整理・共有された。

（6）経営環境への対応　優先順位

　これまでのワークで知的資産や環境変化に加え、対応すべきテーマの「見える化」と「共有化」が図られたので、優先順位を検討する。限りがある企業の経営資源を有効に活用するためでもある。

　優先順位を決める要素は、対応テーマの利益貢献や影響の重要度、時間軸として迅速に

対応を行うべきか、先に延ばしてもよいかの２軸と、保有する知的資産が活用しやすいかという視点で検討する。

これによって、今後の重要テーマが定義されることになる。

		時間軸		
		早く対応する	少し先でよい（　年頃）	かなり先で良い（　年頃）
重要度（利益貢献・影響）	大きい			
	中程度			
	小さい			

経営環境への対応優先順位

同社では、商品開発、販売、製造、品質管理の各部門で優先順位を決定した。

（7）価値創造のマイルストーン

「（6）経営環境への対応　優先順位」で決定された活動をマイルストーンやアクションプランに落とし込むフェーズである。

マイルストーン設定のポイントは、まずゴールを設定し、そのゴールを実現するために実施しておくべき事項を決めることである。

最初からゴールを一気に目指すのではなく、ゴールを実現するために先に地ならしをしておいた方が、ゴールを実現しやすくなる。目標を小刻みにすることで達成感を得られ、モチベーション向上によい効果をもたらすからである。

〈※マイルストーンとは：物事の進捗を管理するために途中で設ける節目。通過点〉

（8）価値創造のアクションプラン

マイルストーンを実現するために、活動事項を明確に決め、その背景や目的・ねらいを定義した上で、誰が、誰に、何を、いつまでに、どれくらい（どこまで）行うのかを設定する。同時に活動の成果指標も決め、定期的な検証を行い、必要に応じて見直しを行う。

４.具体的取り組み

BEN'sメソッド® 実施のあと、見えたことや今後の取り組みの検討を行った。

《大変だった点》
・「我が社はこうだから…」という固定観念が強く、違う発想が出にくい。この壁から抜け出して新しい発想が生まれる風土作りが必要であると感じた。

《よかった点や気づき》
- 「経営者人材を育成し、激変する時代に即応できる強く優しい企業を目指す」という社長の構想が共有できた。
- ターニングポイントでは「縁」である関係資産が重要な要素になっていた。ご縁の大切さを改めて認識できた。
- 自社の課題と優先順位の明確化が図れた。内部・外部環境とその変化を見据えて抽出することができた。

5．活用とその効果

同社では、これらの事項を踏まえて以下の取り組みを行った。

（1）コミュニケーション・情報共有

①社長面談を行ったことで課題が浮き彫りになり、それに対応することで経営陣と社員の意識の共有を図ることができた。

②社内報の発行を行い、会社の取り組みや社員の活動を掲載することで、会社の方向性の理解が深まった。また、社員がお互いのことを知ることで一体化を図るきっかけとなった。

③運動会、クリーン作戦、バーベキューなどの社内行事の強化を行い、社員相互の理解を深め合い助け合う風土の醸成を図れた。

宮野食品工業所 社内報

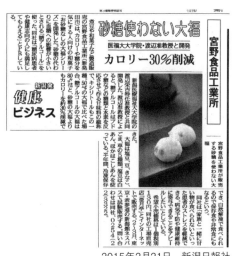

2015年2月21日　新潟日報社

（2）製造の効率化

①若手を中心にした改善委員会を立ち上げ、新しいことへのチャレンジ精神を養う。また、生産工程の無駄をなくし、効率化を図る。そのため、製造ラインや動線の見直し、コミュニケーション強化等についても具体的な活動を実施している。

（3）商品開発の展開

①自社の得意とする「豆」を活かした「健康」ブランドを立ち上げた。

②Facebook などの SNS を自社のメディアとして活用した広報活動も実施した。

これらの活動はメディアにも取り上げられ、知名度や売り上げの向上に寄与できている。

（4）BtoC シェアの拡大

①直売店強化を図った。

・「しばたブランド」認定を得ることができた。

新発田市の認定は、一般消費者にとって信頼と信用に繋がるものである。

・季節に合わせた商品企画を行い、認知度を高めることができた。

おはぎや月見団子等、同社が得意とする商品でおいしさと品質を訴求することができた。

②プロモーション

・一般消費者向けにホームページを改善し、インターネット販売に注力し、BtoC の強化を図った。

http://www.miyano-mame.jp/

（5）人材育成

①社内リーダー研修を実施した。社長を中心にリーダーが課題図書を読み合わせ、問題意識やモチベーションの向上、改善への取り組みを円滑に行う土壌を作っている。

②月刊誌『致知』を使用した社内木鶏会。『致知』を使用して人間形成を行い、宮野食品工業所にとってふさわしい人材育成を図るねらいである。

5．さらなる価値創造への取り組み

同社は前述の取り組みを行いながら、将来に向けて以下の大きな目標を掲げ、100年企業作りを目指している。

①リーダー育成により全社的視点、組織間の連携を図る。

②コミュニケーションの機会創出を通じて、社員間の相互理解や互助の精神を養う。

③自ら考え、行動する組織を作りあげる。

④新たな発想、分野への挑戦を行い、停滞のない生き生きした会社にする。

⑤具体的目標設定としては一人ひとりがどう貢献できるか、モチベーションアップと今後の継続的発展を目指すため、下記を重要事項として捉えている。

『自社の強みを洗い出すことで、自社の弱みや問題も明確になり、おのずと取り組むべき課題が見えてきた。しかし、常に変化する環境の中で、課題も変化する。「知的資産経営」は、「今何をなすべきか」を示してくれるツール。あとはそれをどう具体化し、行動に落とし込むかが重要である。』

2017（平成29）年には伊勢市で開催された「第27回全国菓子大博覧会」で、応募総数2,175品の中から、『栗秋楽』が最高賞である『名誉総裁賞』を受賞した。

6. まとめ

宮野食品工業所の「しお豆」は、「皮が残らず柔らかい、食物繊維が豊富、絶妙な塩加減、手軽にいろいろな料理に使える、小さな子どもからお年寄りまで幅広く食べられる、酒のつまみにぴったり」という特長から一般消費者から高い評価を得ている。

事業承継を単に継承に留めず、この機会をチャンスとして捉え、100年企業を目指すという、新しい会社への変化を実現する経営陣の考えのもと、知的資産経営に取り組んだ。BEN'sメソッド® を活用し、所定のワークシートに順に取り組むことで、知的資産の洗い出しや経営戦略の立案とその実行、検証、見直しが可能となった。

財務面や法制度面だけでなく、事業そのものを承継することで円滑な事業承継が実現できる。財務諸表に出てこない人的資産、組織資産、関係資産という知的資産を洗い出し、経営環境の変化にその資産をどのように高め、どう活用するかを検討し実施することで、事業承継という大きなターニングポイントをチャンスに変え、さらなる事業の発展が実現できると考えている。

今回の同社の取り組みは、知的資産を事業承継に実現した好事例であるといえる。今後の益々の発展を楽しみにしている。

第三項　中農製作所

社　名	株式会社中農製作所
代表者	取締役会長　中農 康久　　社長　西島 大輔
所在地	〒579-8037 大阪府東大阪市新町21-26
事業内容	精密機械加工ならびに組立
資本金	1,450万円
社員数	50名
創　業	1949(昭和24)年8月
設　立	1957(昭和32)年4月

1．企業概要

　株式会社中農製作所は、「ひとづくりの一流企業」「ものづくりの一流企業」、そして「企業づくりの一流企業」を目指して、「素材調達、精密切削加工、熱処理、表面処理、組立までの一貫した受注生産」を少量品から中量品、類似品に至るまで幅広い対応を行っている。

2．取り組みのきっかけ

　中農製作所が知的資産経営に取り組んだきっかけは、リーマンショック時の受注額の減少にある。2008(平成20)年9月のリーマンショックにより、同年11月には自動車関連の売り上げが半減、2009(平成21)年2月には全体の売り上げも半減し、厳しい経営環境に立たされた。

　中農会長は、「リストラはしない」という理念のもと、改善、改革に取り組んだ。

　そこで、受注が減って空いた時間を使って自社の状況を見直そうと、知人の紹介で知った知的資産経営に取り組む。

　同社では、全社員が参加して自社の強みや課題、外部環境の変化などをポストイットに書き出し、選別されたプロジェクトメンバーでディスカッションを重ね考察を行い、報告書にまとめた。

ディスカッション時の様子

ポストイットに書き出した外部環境の変化

その結果、下記のように価値をストーリーにまとめた。

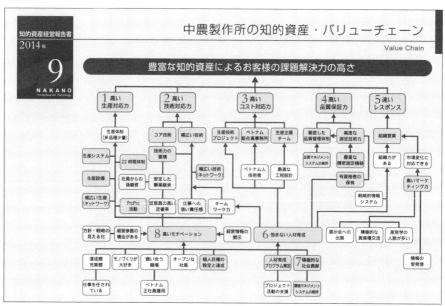

中農製作所 知的資産経営報告書より①

　同社の企業価値は上記のチャートが示すように「豊富な知的資産によるお客さまの課題解決力の高さ」にある。その企業価値を実現している根拠として「レスポンスの早さ」「技術対応力の高さ」「品質保証力の高さ」「組織営業力」の4つの知的資産があげられる。
　この4つの知的資産を実現させているものを以下に示す。
　例えば、レスポンスの早さを支えている知的資産は「優秀な協力会社」や「幅広い技術力」である。「幅広い技術力」を支えている知的資産は「従来から蓄積された技術」であり、社員の「強い責任感」「チームワーク力」である。さらに、それらを支えている知的資産には社員の「モチベーションの高さ」があり、モチベーションの高さの根拠として、社員の「経営参画の機会」があげられる。そして「モチベーションの高さ」からは社員の「定着力の高さ」が実現できている。同社のような高度で幅広い技術力（組織資産）を蓄積・活用するためには、長期的な雇用関係が必須であり、短期雇用の中からは生まれてこない。社員の「定着力」が「安定した事業承継」に繋がっているのだ。
　また「チームワーク力」は「組織力」に繋がり、「組織営業ができる」ことに繋がってくる。「積極的な人材育成」は「測定機器の充実」とあいまって「品質保証力の高さ」を実現している。それらの上流には「モノづくりが大好きな社員」、「仕事を任される」ことによる「達成感・充実感」、「オープンな社風」があり、「高いマーケティング力」には「展示会への出展」「積極的な異業種交流」「産学官との人脈」が価値のストーリーとして示されている。

「安定した事業承継」とあるが、これは、親族が事業承継をするのではなく、社員の中から次の社長を指名していることを表している。知的資産の洗い出しや価値のストーリーを描くことで、過去から現在にかけて中農製作所が取り組み、培ってきた知的資産が何であるか、その知的資産がどのような価値を生み出してきたかを後継者に見せることは、事業承継に欠かせない。事業を承継することは有形資産を継承することだけでなく、知的資産こそ継承すべき資産として捉えるべきである。

また、着目すべきビジネスモデルがある。それは同社で働いたベトナム人社員をベトナ

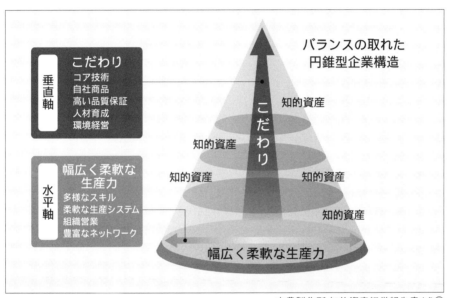

中農製作所 知的資産経営報告書より②

中農製作所 知的資産経営報告書より③

ム法人の社員に登用していることである。ベトナム法人の設立に際して新たに人を採用するのではなく、中農製作所マインドという知的資産を保有した社員を登用することで、円滑で生産性の高い法人運営が実現できるのである。この事例は、中小企業が海外展開を行う場合の参考になるだろう。これも同社の人財育成を大切にする企業風土や、会長の理念が根幹にあってできるモデルである。

4．取り組みの成果

　このように、知的資産は単独でその価値を生み出すのではなく、各々が深く関わることによって相乗的な価値を生み出す。その知的資産は自社独自のものである。これが知的資産経営の醍醐味であるといえる。

　中農製作所の場合は、各部門の責任者が集まり、プロジェクト方式で取り組んだ。各部門が集まることによって、お互いの業務内容を深く知るきっかけになり、今後取り組む課題に対する議論が高まった。工場長であった西島氏に円滑に事業承継が進み、新しい事業価値に向けた構築が進んだ。

　将来ビジョンを明らかにし、より具体的で実現可能な活動目標や計画に落とし込むことで、社員一丸となり事業のあるべき姿や方向性のベクトルが揃った。長年の懸案のひとつであったベトナム法人も実現することになった。

5．まとめ

　知的資産はそれぞれバラバラに把握するのではなく、企業価値の多くが知的資産から生まれること、そして各々の知的資産を価値として繋げ、ストーリーとして捉えることで、戦略とすることが重要である。

　また、各々の知的資産は相互にその価値を高めることも重要な視点である。人的資産や組織・技術資産、関係資産など各資産は互いに関係し合って、新たな価値を創造しているのである。

　『ストーリーを描くことは戦略を描くことである。』

　どのような知的資産を、どのように組み合わせ、どのように価値を生み出すかは、まさしく戦略そのものである。同時に知的資産の「見える化」によって、戦略の方向性が一層明瞭になり、経営者だけでなく社員にとっても自分の立ち位置や行動すべき方向が理解できる。その効果は大きく、例えば教育訓練を受けていてもその意義が理解されているのと理解されていないのでは、取り組み姿勢や吸収力、活用力、そしてその成果に大きな差が出る。

第四項　あんしんケアねっと

社　名	あんしんケアねっと有限会社
代表者	代表取締役　松村 美由紀
所在地	〒570-0036 大阪府守口市大枝東町13-6
事業内容	介護事業
資本金	300万円
社員数	20名（パート含む）
設　立	2004（平成16）年

1．事業概要

　あんしんケアねっと有限会社は、大阪府守口市でデイサービス事業を行っている。デイサービスとは、要支援・要介護の方を対象に、食事、入浴、レクリエーション、排泄、機能訓練を行う介護施設サービスのことである。同社は、コミカデイサービスと八雲デイサービスの2つの施設を運営している。

2．取り組みのきっかけ

　サービス業におけるデイサービスは、一般の者が体験できるサービスではないため、見る機会や内容を知る機会も少ない。そのため、同社の開示対象は、利用者の家族、ケアマネージャー、地域の方々、そして金融機関とした。開示目的は、同社の取り組みを理解してもらい円滑な関係づくりを図ることと、金融機関には「のれん分け」のための融資を受けるためである。

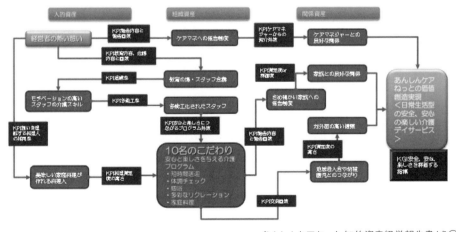

あんしんケアねっと 知的資産経営報告書より①

3．取り組み内容

　同社の人的資産で、ビジネスの根幹をなしているものは、経営者の熱い思いにある。それは、自分の祖母を十分介護できなかったという心残りであり、専務が運営している整骨院に来られる高齢者の方から聞くデイサービスへの不満や愚痴にあった。「高齢者に楽しい時間を届けたい」という思いからデイサービスを立ち上げることになった。

　ひとつの施設で多くの高齢者のお世話をするのではなく、担当者の目が行き届き、かつサポートも十分できる「10名のこだわり」がある。1日10人の利用者に満足してもらうこと、「日常生活型の安全、安心の楽しい介護デイサービス」を利用者の方々に届けることを顧客価値としている。

　そのために、社員へのヒアリングやディスカッションを重ね、今、何をしていて、今後は何をすべきかを掘り下げた。その作業の中で、それぞれの立場を理解できたり問題点を共有できたり、学びが多くあったと経営者は語る。

　経営者の思いを顧客価値に繋げている価値ストーリーは図（P31）の通りだが、ゴール目標としての利用者数というKGIと、「10名のこだわり」を基軸においた各プロセスにおける活動目標をKPIに関連づけて検証を行いながら事業活動を行っている。

　※KGI…重要目標達成指標。目標（ゴール）に対する達成度合いを定量的に表すもの。
　　KPI…重要業績評価指標。目標達成プロセスの実施状況を計測するために、実行の度合い（パフォーマンス）を定量的に示す。
　　KGI達成に向かってプロセスが適切に実施されているかどうかを中間的に計測するのが、KPIだといえる。

　例えば、介護施設ではケアマネージャーが利用者と施設の間に入り、様々な調整を行っている。いわばケアマネージャーも顧客である。ケアマネージャーの同社に対する評価を、利用者の紹介件数＝KGIとして捉え、その数値を測るため、利用者が施設内でどのような生活を送っているかをビジュアルで表わした報告書の提供回数を活動指標とした。利用者の施設内での様子を、「見える化」したのだ。その活動が正しければ紹介件数に表れるはずであり、指標として使うことができる。

　同様に、家族の満足度との関係においても、ビジュアルを活かした報告書を用いた報告回数を、家族満足の声（KGI）のKPIとした。

　これらのKGIを達成するための基軸になっているのが、「10名のこだわり」である。1日10名の利用者に対する、短時間送迎や個浴等である。短時間送迎とは1台の自動車で一人の利用者を送迎する仕組みであり、1台のマイクロバスで長時間かけて多数の高齢者を送迎するのとは違って、高齢者が疲れない。また個浴とは、数名でお風呂に入るのではなく、個別で入浴して、ゆっくりくつろいでもらうものである。これらを実行するためには、

社員の多能化が欠かせず、意識やモチベーションを高める教育訓練が必要になる。そのために、社員を巻き込んだ取り組みは、自分の立ち位置を明確にする効果があった。

「のれん分け」とは、営業譲渡の仕組みである。同社が運営していた施設を、施設長に営業譲渡し、同社は新しい施設を開設する。その施設においても施設長を育て、その施設長がのれん分けを希望した場合に営業譲渡ができる。さらに、のれん分けした施設をグループ化し、お互いの情報強化等を通じて品質向上を図っていくものである。

金融機関が中小企業を評価する時に利用する財務指標は、「中小企業のための知的資産経

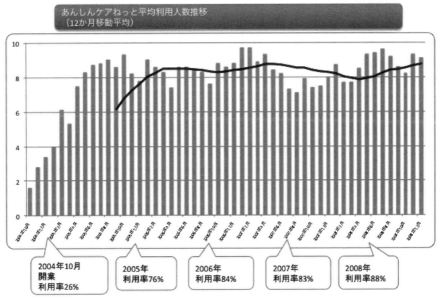

あんしんケアねっと 知的資産経営報告書より②

営実践の指針　ファイナンス編」（中小機構2008年）では、キャッシュフローや経常利益であるといわれている。

そこで、同社では、人的資産や組織資産の「見える化」を行うことで、キャッシュフローに繋がる価値ストーリーのKPIとして月間利用者数を使っている。

これは、あんしんケアねっと有限会社が、「のれん分け」を将来ビジョンとして捉えているためであり、金融機関が審査を行う時にキャッシュフローや経常利益を融資判断材料として利用しているためである。

知的資産経営の価値創造ストーリーのKPIとして月間利用者数をおき、取り組みを「見える化」することで金融機関からの評価に繋がり、2010（平成22）年7月には融資を受け「のれん分け」を実行することができた。利益やキャッシュフローだけでなく、それらを生

み出す取り組み、強み、将来の夢を金融機関に理解してもらえたことが融資に繋がった。知的資産経営報告書の金融機関からの評価は高い。

　サービス業は「見える化」がしづらい。しかし、経営への思いやこだわりを基軸にして知的資産をストーリー化することで、自社の価値がどのように繋がっているかが見えるようになる。サービス業では顧客との対応の面で、人的資産が大きなウェイトを占めている。人的資産の維持・強化の持つ意味は大きく、そのような人的資産と「10名のこだわり」である組織資産を、顧客や金融機関との関係資産への活用に繋げた事例となった。

　サービス業において見えづらい知的資産であるが、KPIやKGIを開示対象や開示目的に沿った内容で「見える化」する意義や有効性は高いといえる。

　次の事業展開として、利用者の利用レベルの変化に対してグループホームを新設し、ニーズの変化に対応していく予定である。

　それらの取り組み結果について、経営者である松村氏から意見をいただいた。

4．松村氏からのメッセージ（松村専務より）

　2009（平成21）年、はじめて知的資産経営報告書に取り組みました。

　介護保険法による通所介護（デイサービス）事業を運営し4〜5年が経過していました。当時、デイサービスについて必要性は認識されていても、介護保険により価格は横並びで、サービス内容に対する世間の認知度も低いように感じていました。そこで、私たちが運営するデイサービスの内容や工夫を取りまとめ、ご利用者や世間の皆さんにご理解いただきたく知的資産経営報告書を作成しました。

　知的資産を取りまとめるにあたり、「よいところをどんどん出し合ってください」との指導のもと、スタッフと経営者がデイサービス運営についてよいところを拾い出しました。それぞれの取り組みやその工夫が集まると、お互いを認め合うなんとも楽しく心地よい時間を経験し、一体感が育まれました。

　その内容を「人的資産」「組織資産」「関係資産」へと分析し、それらを踏まえ課題を抽出し、今後の展開についてどのような方向性をもってどこに目標を置くべきかを深く考える機会となりました。

　そこから秘伝本が誕生しました。秘伝本は知的資産をベースに「品質秘伝本」「運営秘伝本」「経営秘伝本」の3部構成で、全スタッフが関わって理解した結果、ケアの質が高まりました。また、当時の施設長が「のれん分け」によって独立するための支援アイテムにもなりました。

　知的資産経営報告書2009年度版が完成し、経済産業省のHPにアップされると、介護系の専門誌から執筆や講演の依頼も舞い込み、施設の取材や見学も増え、福祉先進国のスウ

ェーデンの事業者が来たのには驚きました。

また、近隣のケアマネージャー（一般でいう取引先）や金融機関との理解が進み新たな縁が広がりました。

「あんしんケアねっと」が運営するデイサービスの内容や工夫が、知的資産経営報告書を通じて広がり、その内容をしっかり実行しなければと励みにもなり、運営の原動力に繋がりました。

2014（平成26）年、知的資産経営報告書を再度取りまとめました。

デイサービスでは、年々ご利用者の認知症の重度化比率が高まっています。家庭生活が困難になる施設入所者が増え始めました。中には「なんでデイサービスに行けないの！　なんで、こんな所で暮らさなアカンの！」と電話をかけてくる元通所者の方もあり、自社で認知症対応型共同生活介護（グループホーム）の運営を志しました。ただ、施設を作るには土地や資金も必要で、全てを独自に賄うことが難しく、建貸し形式のビジネスパートナー（地主）を募る必要がありました。

そこで、グループホームにかける思いや、デイサービス事業で培ったノウハウ、地域での信用を知的資産経営報告書として取りまとめ、介護事業やグループホームの実際をご存知ない地主さんの理解が進むようにしました。

2009年度版の知的資産経営報告書はスタッフも関わりましたが、2014年度は経営者が中心となり専門家グループの支援を受けて作成しました。グループホームのビジネスパートナーの理解を得るためなので経済産業省等への公開は行わず、銀行と地主さんへ積極的に案内しました。

そんな中、東京在住の地主さんとの土地売買の縁が生まれました。

私たちは大阪から交渉に伺いたい気持ちでいっぱいでしたが、先方は仲介業者をはさんでの交渉を希望され、仲介の営業マンに知的資産経営報告書を託しました。

そして、知的資産報告書のおかげで「おたくの会社が運営することで、地域の役に立てるなら先祖も喜ぶ」と好条件で土地を取得することができました。また、土地取得にかかる資金となる銀行の融資もスムーズに運びました。

知的資産経営報告書のおかげで、デイサービスでの仕事の質が高まり、それを発信することで新たな縁が生まれました。将来の夢が明確になり、その思いが多くの人へ伝わりグループホーム運営が始まりました。

当社にとって知的資産経営報告書は宝物です。

知的資産を整理し報告書にまとめ開示することで、初回は社員、利用者、金融機関からの理解。2回目は、事業拡大における地主様の理解。そのように、会社を知ってもらう、事

あんしんケアねっとを取り巻く環境（外部環境）

あんしんケアねっとを取り巻く環境（外部環境）

グループホームは地域の必要性を勘案し整備される、安心の事業です

グループホームは認知症の方々が専門家のサポートを受け、共同生活を行いながら、その人らしく暮らす場です。行政（守口市）が必要な地域に必要な施設を計画する公募制の事業となります。公募受託後は認知症の方々の生活にしっかり寄り添い、長期に渡り安定した運営が使命となります。

デイサービスは事業者数過多による、競争激化と淘汰が予想されます。

要介護支援の比較的軽度の利用者を対象にした小規模なディケアサービスの開業が多く、現在、コンビニエンスより多いとも言われています。今後、小規模なディサービスは、事業数過多による競争激化と淘汰が進むことが予想されます。

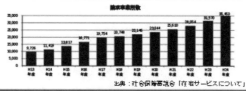

今後の事業展開の方向性

外部環境の変化の対応する「あんしんケアねっと」の展開

現状分析

外部環境
① 守口市の後期高齢者の割合は増加（認知症人口は増加）
② 地域包括ケアシステムへの取組が進展
③ 要支援の軽度者は、通所介護の対象から除外へ
④ 介護保険の利用を重度化へのシフト
⑤ グループホームは必要量を勘案して整備される事業
⑥ ディケア事業者数過多による、競争激化と淘汰が進む

強み
① スタッフのサポート能力が高い（介護福祉士）
② 専務の認知症に対する理解が高い
③ 守口市に複数に施設を開所（地域に知名度が高い）
④ 「三方よしの土地活用」のノウハウがある
⑤ ドキュメントのよるノウハウの蓄積（秘伝本）
⑥ 充実した教育体制（資格取得支援・セミナー）

5年後のあんしんケアねっと
① 認知症対応力を高めたデイサービス運営（認知症の専門家）
② グループホーム 2施設目を開業へ
③ あんしんケアプラン∞めぐるを強化
④ 認知症における地域・行政とのネットワークを強化（「あんしんケアねっと」のブランド化）

① 介護福祉士・認知症セミナーの更なる教育体制の強化
② グループホーム受託の為、「開設実行委員会」の立ち上げ
③ 施設長（ディケア・グループホーム）の育成
④ 地域のケアマネジャーとのネットワークを構築
⑤ 認知症サポーター養成講座や行方不明サポート特約活動を通じ地域に貢献します

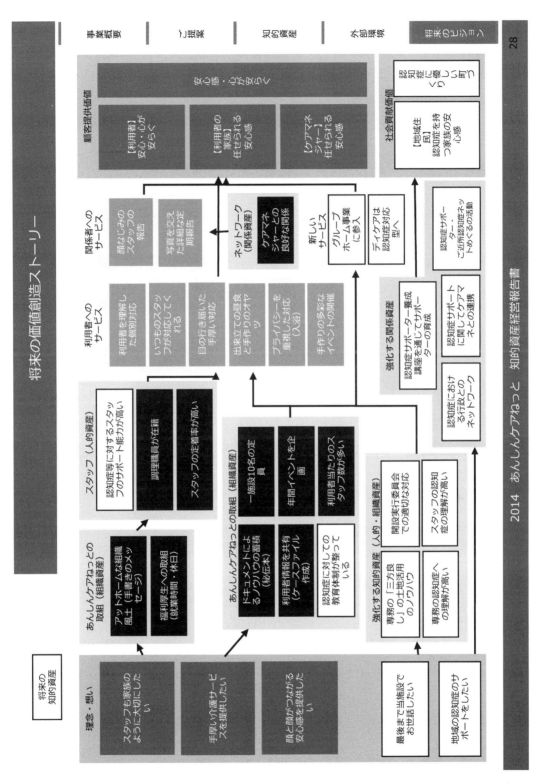

あんしんケアねっと 知的資産経営報告書より

業を理解してもらうには、数値だけでなく、見えない資産（知的資産）を整理し、見えやすい形にまとめて開示することが重要だと実感しています。

5．まとめ

製造業の場合は見える資産があるので、比較的知的資産は洗い出しやすい。しかし、サービス業の場合、形として残らないという特性があるため、知的資産の洗い出しには多少の経験が必要になることがある。

製造業の場合は、モノに関わるところから洗い出すとスムーズに「見える化」できる。サービス業の場合は、顧客が得ているものは何か、サービスを受けたあとどのように変化しているかという顧客提供価値から考えると捉えやすい。介護施設の場合、顧客は利用者だけでなくその家族も対象になる。

あんしんケアねっとの場合、顧客には「優しさ、安心感」というキーワードがある。それを実現するため、当初は「利用者10名のこだわり」によって、細かいところに手が届く丁寧なサービスを通して「優しさ、安心感」を提供していた。

その後、利用者の介護度の変化に対する対応が不十分な事例が出たことで、「優しさ、安心感」を継続的に実現するためグループホームの開設を考えた。

そのグループホームの開設においても役に立ったのは、関係者にホームを知ってもらうための知的資産経営報告書である。

環境の変化に応じて、開示対象や開示目的に合わせて知的資産経営報告書の内容は変えていく。知的資産経営報告書はどのような経営環境にあっても、またどのような開示対象・開示目的であっても示すことができる。

経営環境や事業目的や目標の変化に合わせて自社を見直しながら、報告書にまとめた好事例である。

第五項　イカリ消毒沖縄

社　名　　　イカリ消毒沖縄株式会社
代表取締役　仲本 明光
所在地　　　〒901-1111沖縄県南風原町字兼城185-1
事業概要　　防虫を軸に衛生管理等
資本金　　　1,000万円
社員数　　　18名
設　立　　　1999(平成11)年

【経営理念】広く社会のために環境事業を通じて明るい健康的な街づくりに精励しよう。
【環境宣言】美しい街づくり、それが私たちの願いです。
【4つのモットー】1）品質力　2）安全力　3）真心力　4）サービス力
【イカリマン五則】1）即行　2）笑顔　3）挨拶　4）清潔　5）感謝

1．取り組みのきっかけ

　2015（平成27）年、沖縄県が可視化事業を行った時に参加したイカリ消毒沖縄の課題は、事業承継と人材育成である。66歳の社長から38歳の長男に2020年3月に承継することを社内で宣言していた。これは社長が、人間は40代になると保守的になるので30代のうちに引き継ぐべきだと考えていたためである。30～40代の社員が多く、社員全員で取り組むことで社内の活動方針のベクトルを揃え、効率性を高め、成果のある事業活動や、他社との差別化も念頭においた。

2．のれん分け事業所とは

　沖縄県可視化事業では、社員と一緒にBEN'sメソッド®を使いワークショップを行った。事業沿革を確認するシ

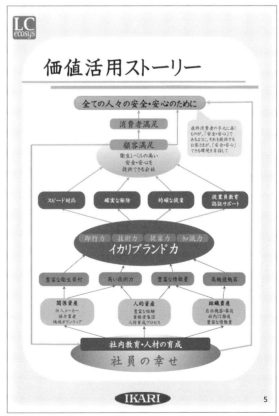

イカリ消毒沖縄 知的資産経営報告書より①

ートを作る際には、事業立ち上げ時代の会社の歩みの歴史を社長が社員に向けて語った。

　沖縄事業所開所から40年、法人化して15年が経過しているイカリ消毒沖縄は、イカリ消毒本社から「のれん分け事業所」という位置づけになっている。その経緯は、技術力や技量、人材力などの知的資産が抜群であり、他の模範となる事業所として評価されたことにある。「のれん分け事業所」の認定は、イカリ消毒のパートナーにとって大きな憧れであった。

　その経緯を社員と共有できたことで、その高い評価を今後も継続していかねばならないという使命感が社員一同に広がった。のれん分け事業所になることは、働いている者にとって名誉なこと、誰もが叶うことでないこと、そして後継者の常務にとって、社長の苦労話は感謝の念を覚えざるを得なかった。事業の何を承継するべきか、承継の意義が再認識されることとなった。

3．取り組み内容

　ワークを始めてみると会社の強みや課題の認識がそれぞれ異なっていることに気づき、ワークを積み重ねることで認識の共有化を図ることができた。

イカリ消毒沖縄 知的資産経営報告書より②

　課題の認識が違ったままでは方向性が揃わずパワーが分散してしまう。ベクトルを揃えることを認識し、BEN'sメソッド® を使ったワークや、社内で継続してワークを行って、「価値活用ストーリー」にまとめることで方向性を揃えることができた。

　特に大切なのは、お客さまへ提供している価値である。

　単に消毒を行っているのではなく、安全と安心を提供しているから継続して受注に繋がっていることを社員一同で理解できた。

　その理由として、スピード感のある迅速な対応、確実な駆除、企業の状況に合わせた最適な提案、それらを円滑に行うための人材育成であることが共有できた。

　また、それらの4つの提供価値を実現できているのは「即行力」「技術力」

「提案力」「知識力」という「イカリブランド」という知的資産にあることが認識された。

　そのイカリブランドが、「豊富な衛生材料」「高い技術力」「豊富な情報量」「高性能な機器類」という、会社が保有している物的資産を有効活用できる知的資産によって支えられ、根っこには社長の思いや理念である「社員の幸せ」があることも認識することができた。

　「社員の幸せ」を実現するために社員教育による人材育成があり、それが充実することでイカリブランドや知的資産の価値を高め、高めた知的資産によって顧客満足が実現できるという価値活用ストーリーが整理された。

　価値活用ストーリーを整理したあと、それぞれの知的資産の内容を検討した。

　BEN'sメソッド®の「業務プロセス分析シート」から営業面の強化という弱点が判明し、必要な人材像も明確になった。知的資産経営報告書を開示することでふさわしい人材の採用も行うことができた。これまでは新卒の営業職の採用ができていなかったが、新卒の女性営業職の採用もできるようになった。

　知的資産経営報告書に、イカリ消毒沖縄の経営理念や目指しているものなどを明示することで応募者の理解が進んだことが、人材募集に活かされたといえる。

　応募者と会社双方にとって、イカリ消毒沖縄の目指すものが明確になり、業務の内容が明確になることで採用後の仕事とのミスマッチを防ぐことができる。また、社員にとっても自己実現の機会を得ることができたと考えられる。

　「違い発見マトリクス」では、自社しか持っていない知的資産、さらに強めるべきアピールポイント、わざと取り組んでいない事柄が明確になり、他社との差別化の内容が明確になった。

　「変化予測表」から、将来の変化を整理し「事業機会とリスクの対応」の検討を行い、整理して「将来ビジョン」を構築した。

　将来ビジョンは、時系列に整理し、1年後までに実現するもの、5年後までに実現するものなど、従来から感じていた方向性が明確になった。

　特に、従来曖昧なままであった6次産業をはじめ、新たなマーケットに対する営業展開の必要性が明確になり、その準備に取り掛かることができた。

　もう一点は、将来に向けた事業活動のマイルストーンが明確になったことで、効果的な情報化を進めることができたことである。それは、社員全員がiPadを持ち、ネットの地図上にお客さまの位置や売り上げをプロットすることで、営業ルートの効率化やバラツキの「見える化」ができた。これにより、営業活動や業務の効率化を大幅に進めることとなった。このシステムは全国のイカリ消毒全体に採用されることになった。

　会社案内を作っていなかったので、知的資産報告書を会社案内としてお客さまや金融機関に渡して理解を得、コミュニケーションが図れたことも大きい。

　知的資産経営に取り組んだことで、方向性や行動指針が明確になり、将来が開けたと考

えている。

　今後は、後継者のサポートをする人材の育成が主題になる。そのために、将来の幹部候補生の会議への参加、フォローアップを行っていくことを予定している。

　また、「違い発見マトリクス」から、やめるべき活動を決め、知的資産を軸に活動の検証と見直しを行いイカリ消毒沖縄ならではの事業に集中したベクトルの揃った取り組みを進めている。

４．まとめ

　イカリ消毒沖縄が知的資産経営に取り組んだきっかけは、事業承継である。

　社長が66歳になり、事業承継を早急に円滑に実現することが自分自身の責務であると考えたのだ。

　その手段として知的資産経営に取り組み、事業の見えざる資産を洗い出し、事業価値の根源を整理し「見える化」した。

　価値の根源は、社長がイカリ消毒本社から力量や技術力、人柄を高く評価され、その結果としての「のれん分け事業所」で独立できたことが出発点である。後継者である常務が引き継ぐべきものが、沿革を掘り下げた結果明らかになった。

　それを踏まえて、今後どのように事業を展開するべきかについて、常務が中心となって将来ビジョンを構築できたことも成果である。

　以降に、イカリ消毒沖縄の知的資産経営報告書の抜粋を掲載した。特に後継者である仲本明常務取締役の「事業承継に向けて」のページは、知的資産経営に取り組むことで引き継ぐべきものは何かが明確にされている。

　事業承継は語らねばならない。後継者は語られたものから価値を繋ぎ、自らの価値を高めていかねばならない。語れるツールが知的資産経営報告書、戦略レポートなのだ。これに勝るツールはない。そのためには報告書は品質のよいドキュメントでなければならない。単に、社長の話をまとめただけでは不十分なのだ。

　語ること。深めること。そして、将来に繋げること。これを外したら、知的資産経営報告書とはいえないだろう。

　事業承継は我が国の大きな課題であり、その解決策のひとつとしての事例と考えている。

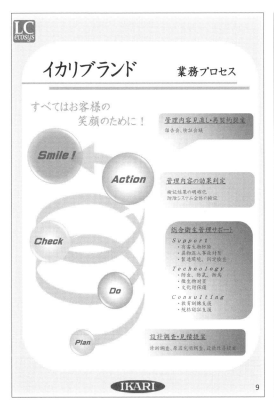

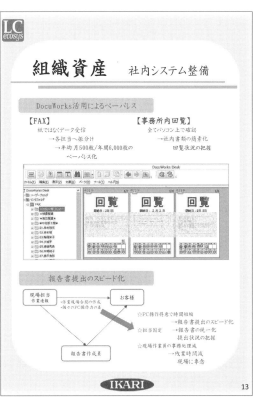

イカリ消毒沖縄 知的資産経営報告書より③

| 第六項 | 昭和電機 |

企業名	昭和電機株式会社
代表者名	柏木 健作
工　場	大東工場(大阪府大東市)　伊賀工場(三重県伊賀市)
営業拠点	日本国内　東京、名古屋、大阪他13拠点
海外サービス拠点　SHOWADENKI(THAILAND)	
事業内容	産業用送風機、集じん機製造販売
資本金	8,850万円
社員数	220名(2017年7月1日現在)
創　業	1950(昭和25)年6月29日

1. 知的資産経営の取り組み

　昭和電機株式会社は、我が国に知的資産経営が導入された2006(平成18)年から継続して知的資産経営報告書を発表している。その目的は、ステークホルダーに自社のことをよく理解してもらうためである。

　当初は知的資産経営報告書の作成経験がないことや、国内に開示された報告書例がないため表現方法が分からず、中小機構から示された知的資産経営作成マニュアル(以後　作成マニュアルと表記)に準拠したフレームワークに基づき整理した。

　知的資産として求められる情報の収集に時間がかかり、各部門のマネジャーが集まって数カ月を要した。まずは強み、弱み、機会、脅威を抽出していくことからスタートした。最大の課題は、作成マニュアルに求められるKPIに社内で集計、分析されていない指数が含まれていたことである。しかも、自社の業界での位置づけを評価できるKPIは公的に発表されている市場情報も少なく、客観的に信頼できるデータを提示して表現することはできなかった。

　そのため、それらは「不明」や「推測」という注釈入りで記載せざるをえなかったが、回数を重ねるうちに自社独自のKPIを抽出し開示をしている。

　手探りで始めた知的資産経営報告書だが、毎年違った視点で社内の資本を価値創造のプロセスに落とし、ブラッシュアップすることで自社のステークホルダーへの提供価値を簡潔に網羅的に見ることができるようになった。

　2007(平成19)年と2008(平成20)年は自社の強みを仕組みや製品で直接表現し、補てんする形でバランススコアカード(BSC)に表していた。

　※バランススコアカード:企業のビジョンや戦略について、企業の持つ重要な要素がどう影響し、業績に現れているかを可視化するための業績評価法。

2009（平成21）年は、価値を明確にしないBSCだけでは企業の将来を描くには不十分と考え、顧客への価値創造を書き加えた。価値創造のストーリー化の視点が加わったのだ。

2010（平成22）年にはお客さまへの価値の提供を「利便性の向上」と、より具体化し、社内の仕組みや設備の結合性を表した。その結合部分に社訓（P48★印）を加えることで、今ある社内の仕組みや人材育成の方向、協力会社やお客さまとの関係を説明することができた。さらに社内の仕組み（組織資産）が生まれた年をグラフ化し、継続した施策をとっていることを示した。この年に現在の価値創造のプロセスの考え方の基礎ができた。

2011（平成23）年には「理念」「人材」「仕組み」「ハード」の組み合わせを明確にし、それぞれの結合性を表した。このことで、社員がお客さまへの価値提供のどの役割にあるのかが明確になり、改善作業やモチベーションアップに役立った。

2012（平成24）年は東日本大震災の翌年であり、同社の部品調達に障害が起きた。そのサプライチェーンの寸断は、協力会社の尽力により、およそ1カ月で復旧した。そのことから、協力会社との関係性を示すため知的資産経営報告書の中に主要協力会社3社の経営レポートを1ページずつ掲載した。その目的は、取引先に対して自社のサプライチェーンの強固さを強調するとともに、そのことを協力会社にも感じてもらうことであった。また、社員にも協力会社の重要性を改めて認識させた。強い関係資産が、震災という危機状況からの迅速な復旧を実現した。

2013（平成25）年にも経済産業省から委託を受け、統合報告のパイロットプログラムに参加した。この時のガイドラインに基づいて6つの資産を整理し「将来の事業展開」の項目をさらに深めた内容とした。詳細は、「2015年版におけるKPI（P53）」で示す。

2．昭和電機の知的資産経営報告書発行の変遷

2007年からの取り組みを下表に示す。

	年度	ページ数	印刷冊数	開示対象	特徴	効果	課題
草創期	2007年	40	500	従業員 採用予定者 協力会社 取引先	・価値創造プロセスをBSC戦略マップにて表現 ・全部門のマネージャーと一緒に当社のSWOTを抽出 ・英語版を作成、海外に公開	・社員に対し経営者の想いが浸透した ・情報開示の有効なツールとして認識できた	・取引先に対する使い方がこなれていなかったため活用が充分できたとはいえなかった ・中小機構「知的資産経営マニュアル」では正確なKPIが得られず
草創期	2008年	40	1,000		・価値創造プロセスをBSC戦略マップで表現 ・KPI（自社の所持するデータのみ）を経年変化で表現 ・デザイン性を加味した		・経営者から、視点を変えた内容にするよう指示があり、編集に工夫を加えた ・取引先に対し、担当者からの説明にバラツキが生じた
草創期	2009年		750	取引先	・価値創造プロセスを社内の3部門のかかわりとコンピュータシステムで表現 ・グラフ、写真、イラストを使い読みやすい工夫を加えた ・大量の情報を提供するのではなく、エッセンスを絞り込み理解しやすい工夫をした	・営業部門が顧客との関係強化のため活用 ・入社希望者の増加	
現在価値ストーリー化の基本形の完成	2010年	12	1,500		**・顧客提供価値に着目** **・重要成功要因（CSF）を定義** **・価値創造プロセスは、CSFに向かって各資産がどのように活かされ、顧客提供価値を生み出しているか、社訓との関わりの検証を兼ねて描いてみた。** ・それらの仕組（組織資産）の歴史を表現 ・ページごとの解説書作成	・社訓と価値ストーリーに整合性がある事が判明した ・営業担当の説明の統一化 ・取引先で経営理念の理解が得られた→さらに強みを意識	・ページ毎の解説書を作成し、営業担当の説明のバラツキを少なくした
現在価値ストーリー化の基本形の完成	2011年				**・価値創造プロセスを「ハード」「しくみ」「人材」「理念」の組み合わせで説明するフローを考案**	**・戦略と資産の結合性を表現（現在の基本形）** ・従業員の役割を表現	
現在価値ストーリー化の基本形の完成	2012年	16			・協力会社の重要性を認識（東日本大震災）→協力会社の経営レポートのダイジェスト版を掲載 ・独自のKPIの項目を特定できた ・価値創造プロセスをブラッシュアップ	**・戦略と資産の結合性を表現（現在の基本形）** ・協力会社とのサプライチェーンの重要性を認識 ・協力会社との関係性が強化 ・従業員の役割を表現	
統合報告への準備	2013年	12		従業員 採用予定者 協力会社 取引先	・価値創造プロセスの具体的説明ページを挿入→各項目の裏付け資料を探しやすく ・リスク項目明確化 ・知的資産と事業業績を時系列で表現 ・将来の事業展開を表現 ・統合報告フレームワークを参考にした情報を表現	統合報告と知的資産経営報告を融合→2014年からの統合報告書作成に備えた	
統合報告へのシフト	2014年統合報告	20	1,000		・6つの資産で表現 ・リスクを踏まえた将来戦略を表現	・より分り易いストーリー ・6つの資本による表現→より正確な価値創造の実現が可能 ・統合報告の詳細なフレームワークを利用、明確なまとめができた	
統合報告へのシフト	2015年統合報告		500				

昭和電機 知的資産経営報告書の変遷一覧

　同社の変遷の中で、初版である2007年版の価値ストーリーと、価値ストーリーに大きな変化のあった2009年版、2010年版の価値ストーリーをP47とP48に示す。パイロット企業である同社の価値ストーリーを見ることで、捉え方の参考としたい。

〈2007年版　価値ストーリー〉BSCの視点で描いた。

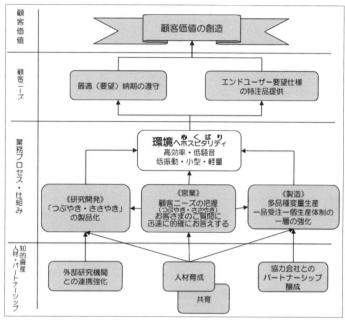

昭和電機 知的資産経営報告書2007より

〈2009年版　価値ストーリー〉お客さまへの価値の提供を社内の3部門の関わりとコンピュータシステムで表現した。

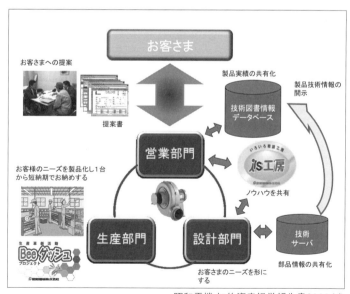

昭和電機 知的資産経営報告書2009より

〈2010年版　価値ストーリー〉顧客提供価値を明確化し、その価値に向かった重要成功要因に対する価値ストーリーを描いた。進捗指標に社訓をあてたところ整合性があることが判明した。経営理念や社訓と、顧客提供価値が知的資産等の価値群によって繋がることの重要性を認識することができた。

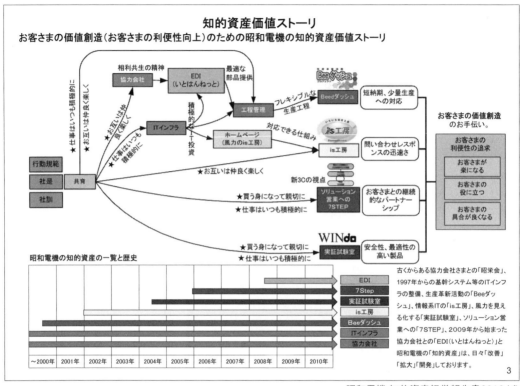

昭和電機 知的資産経営報告書2010より

3．昭和電機におけるKPI

　昭和電機における価値ストーリーの沿革を見てきた。ここで価値ストーリーの繋がりを評価するKPIについて、どのように捉えてきたかを記載する。

a．2007年版のKPI

　2006年に中小企業基盤整備機構から「中小企業のための知的資産経営マニュアル」(http://www.meti.go.jp/policy/intellectual_assets/pdf/00all.pdf) が示され、その中（第4章）で、①経営スタンス／リーダーシップ②選択と集中③対外交渉力／リレーションシップ④知識の創造／イノベーション／スピード⑤チームワーク／組織知⑥リスク管理／ガバナンス⑦社会との共生という7つの項目と35種の指標が定義された。

　同社においては、モデル事業としてそれぞれに定義されたKPIについて整理した。

　結果は次の通りであるが、示されたKPIは中堅企業である同社においても指標として測

定しづらいものがあった。

①経営スタンス／リーダーシップ

　経営スタンス・目標の共有、浸透の度合。

　　●経営理念等の社内浸透度

　　　　　　　経営哲学や環境方針、品質方針を掲げ、社内浸透を図っている。

　　●経営者による社外に向けた情報発信（対外広報活動）

　　　　　　　社外に向けた情報発信については報告書の広報活動のページで示した。

②選択と集中

　製品・サービス、技術、顧客・市場等の選択と集中の状況。選択と集中はビジネス類型により特徴が左右されるため、ビジネス類型についての説明（ビジネスモデルの基本的な構造やBtoB、BtoCの売上構成の数字を含む）がその前提として行われることが望ましい。

　　●主力事業の優位性（売上比、利益比、利益率）

　　　　　　　全事業における、電動送風機（主力事業）の各々の占める割合

　　　　　　　電動送風機の売上全体に占める割合　＝40.4億÷72.7億＝　55.6%

　　　　　　　電動送風機の営業利益に占める割合　＝9.1億÷17.5億＝　52.0%

　　　　　　　主力事業の営業利益率　＝22.5%

　　　　　　　参考指標　　多品種変量生産：一品受注一個生産体制

　　　　　　　生産性、在庫金額については、報告書の事業展開のページで示した。

　　●主力製品・サービスを提供する同業他社数の加重平均

　　　　　　　主力事業（電動送風機）の同業他社数　＝　およそ５社

　　●不採算部門の見直し実績

　　　　　　　2001年に業務用クリーナー（年商8,700万円）と高圧洗浄機の販売を中止し、2002年に電動工具（同7,000万円）、2005年にポータブルファン（同3,700万円）といった創業商品の販売中止を決断した。

　　●R&D集中度

　　　　　　　主力製品に関連するR&D投資額（年間）÷全R&D投資額

　　　　　　　該当なし

　　●市場の差別化

　　　　　　　特定ユーザー、市場を対象とする製品・サービスの売上高÷全社売上高

　　　　　　　特定できず

　　●社員の評価システム

　　　　　　　正規社員数÷全社社員数　＝　97.5%

③対外交渉力／リレーションシップ

　川上、川下など対外的な関係者「販売先、顧客、仕入先、資金調達先」に対する交渉力、関係性の強さ。

- ●主力事業における主力製品・サービス別シェア加重平均

  主力事業（電動送風機）における市場シェア　＝　約40％（推定）
- ●顧客満足度

  任意の調査方法（調査方法を明記）、外部リソースによるリサーチ結果、アンケート結果等を利用して顧客満足度の状況。

  同社の場合は、

  最適（要望）納期遵守率　99.8％

  is工房回答時間、is工房問合せ件数で示した。
- ●客単価の変化

  1販売件数当たりの売上高の対前年比　103.7％
- ●新規顧客売上高比率（対法人）および新規顧客会員数の対前年伸び率

  （対個人）新規法人顧客売上÷売上高

  主に代理店販売のため実数は不明
- ●原価の変化に対する出荷価格の弾性値（価格転嫁能力）

  電動送風機出荷価格単価の変化率（対前年比）

  ÷原価変化率（対前年比）＝1.1168÷1.107＝1.088
- ●原材料市況変化に対する仕入原価の弾性値（交渉力）

  主要な調達先との間での仕入価格の変化率（対前年比）

  ÷当該調達先の原価の変化率

  不明

  参考指標　協力会社とのパートナーシップ醸成

  主要協力会社のうち、Beeダッシュ活動に取り組んだ企業数　3社

  同　　　　　　　　ISO9001取得企業数　　　3社
- ●資金調達

  （有利子負債は、金融機関、社債、その他に分ける）

  該当なし

④知識の創造／イノベーション／スピード

新しい価値創造の能力効率、事業経営のスピード。

- ●売上高対研究開発費（または能力開発費）

  年間研究開発費÷年間売上高およびその対前年比

  ＝11,435千円÷6,512,005千円＝0.17％（2005年度）

  ＝20,949千円÷7,272,816千円＝0.28％（2006年度）

  年間共育費÷年間売上高およびその対前年比

  ＝17,388千円÷6,512,005千円＝0.26％（2005年度）

  ＝38,744千円÷7,272,816千円＝0.53％（2006年度）

● 外部委託研究開発費比率

前年度の外部委託研究開発費÷当年度の研究開発費総額

=6,000千円÷11,435千円＝52%

参考指標　外部研究機関との連携強化

プロジェクト完成数　風洞実験装置　1件

● 知的財産の保有件数、賞味期限（経済的に意味のある期間）

「特許権」　：　8件

「実用新案」：　6件

「意匠権」　：　2件

「商標権」　：　14件

● 新陳代謝率（社員平均年齢とその前年比）

社員平均年齢とその前年比

2004年　38.4歳

2005年　38.2歳

2006年　38.1歳

● 新製品比率

提供後3年以内の製品・サービス売上高÷全社売上高

1,218,261千円÷7,272,816千円＝16.6%

参考指標　主要製品の新製品開発数（オプションは除く）2004年以降　2170機種

特注品提供台数（主要製品　2006年度実績）　　29,604台

特注品提供率（主要製品　2006年度実績）　　　51.8%

⑤チームワーク／組織知

組織（総合）力、個々の能力等の組織としての結合状況。

● 社内改善提案制度・改善実施件数

2006年度おせっかい提案件数　135件、改善実施件数　14件

● 部門横断的なプロジェクトの数

4プロジェクト

● 社員満足度

コミュニケーションシートを使った年間3回のマンツーマン方式による
ヒアリング

● インセンティブシステム（年俸制等）

年俸制はないが、社員持株制度がある

● 転出比率　（2006年度）

社員の離職率÷全社員数

=離職者7名÷全社員数167名

$$=4.19\%$$

⑥リスク管理／ガバナンス

リスクの認識・評価対応、管理、公表、ガバナンスの状況。

●コンプライアンス体制

リスク対応・コンプライアンス教育年間総時間÷全社員数

該当なし

●リスク情報のプレス公表件数およびトラブルのプレス公表スピード

リスク情報の公表実績数、トラブル発生から公表までの時間

該当なし

●リスク分散状況

原材料、部品の主要調達先の数

仕入れ総金額の80％で25社

●被買収リスク

該当なし

●訴訟係争中の案件における賠償請求

なし

●営業秘密の漏洩リスク（営業秘密の数とそれを扱うコア社員比率）

営業秘密の取り扱いに関する内規の有無、およびその内容

営業秘密として管理している情報の数

不明

⑦社会との共生

地域・社会等への貢献等の状況。

●環境関連支出投資額

環境汚染防止、CO_2排出抑制、廃棄物量削減、環境配置型新製品開発等

のための費用（年間）

不明

●SRI（社会的責任投資）ファンド採用数

該当なし

●企業イメージ調査・ランキング

国、自治体、NGO、国際機関等からの表彰実績（年間）

経済産業大臣賞や、省エネ法のトップランナー等の受賞歴を示した。

これらのKPIはテーマごとに示されているが、各指標の繋がりや関連性が見えづらく、価値ストーリーとの関わりにおいて整合性等に明確性を欠いた。

　知的資産経営において重要な事項は、保有する知的資産をどのように活かして将来価値を作るかであり、テーマごとにKPIを示しても将来価値の創造に繋がらなければ意義は高くない。そこで、事業創造のプロセスをストーリーとして示し、ストーリーにある各資産についてKPIを用いて示すことにした。

　価値ストーリーは、事業の成果を実現するための繋がりを示している。

　その妥当性を評価するには、繋がりを示すKPIを継続的に測定することに意義がある。継続的に実施しなければ事業活動の成果の正しい評価や見直しはできない。

　同社では価値ストーリーの確実性を評価するためのKPIを2015年版では以下のように設定、測定している。

ｂ．2015年版におけるKPI

①価値創造のプロセス

　2014年以降は統合報告としたため、従来の3つの知的資産以外に、製造資本、自然資本、財務資本についても指標を設け、統合報告に準拠した。

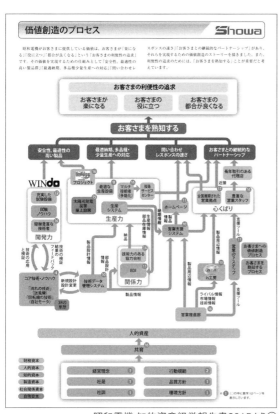

昭和電機 知的資産経営報告書2015より①

　経営理念や社訓、行動規範をベースに顧客提供価値（お客様の利便性）に向かって6つの資産（P60）が、重要成功要因を通してどのように実現できているかを示した。統合報告における6つの資産は、以下である。

財務資本

・組織が製品を生産し、サービスを提供する際に利用可能な資金

・借入、株式、寄付などの資金調達によって獲得される、または事業活動若しくは投資によって生み出された資金

人的資本

人々の能力、経験およびイノベーションへの意欲、例えば、

・組織ガバナンス・フレームワーク、リスク管理アプローチおよび倫理的価値への同調と支持

- 組織の戦略を理解し、開発し、実践する能力
- プロセス、商品およびサービスを改善するために必要なロイヤリティおよび意欲であり、先導し、管理し、協調するための能力を含む

知的資本
- 組織的な、知識ベースの無形資産
- 特許、著作権、ソフトウェア、権利およびライセンスなどの知的財産権
- 暗黙知、システム、手順およびプロトコルなどの「組織資本」

製造資本
- 製品の生産またはサービス提供にあたって組織が利用できる製造物

社会・関係資本
個々のコミュニティ、ステークホルダー・グループ、その他のネットワーク間またはそれら内部の機関や関係、および個別的・集合的幸福を高めるために情報を共有する能力

自然資本
自然環境に影響を与える資本およびプロセス

②事業目標達成のための資本
[1] 最適納期、多品種少量生産に対応する仕組み

〈大東工場〉

昭和電機 知的資産経営報告書2015より②

・製造リードタイム：標準品の場合、受注後4日で納品できる生産体制を整えている。あらゆる事業においてスピードが求められている中で、4日納品は他社に比べて優位性があり、差別化に重要なKPIである。

　これを可能にするのは「ひとり一個流し生産方式」であり、製品組立屋台を使って一人で一個ずつの製品を組み立てる独特の生産方式である。この方式は、「Beeダッシュプロジェクト活動」という生産革新活動による継続的な改善によって支えられている。

・ITシステム：標準品、準標準品を含め23,156機種はお客さまの発注時に直ちに納期回答ができる。これは生産ITシステムと生産革新活動の進化により営業担当者の手

配入力時に出荷日が分かる機能が追加されたことによる。ITシステムでは上記機種を含め34,357機種の生産に必要なデータが登録されている。納期回答が瞬時にできることも製造リードタイムと同じく差別化の重要なKPIとなる。
・新規設計台数：新規設計台数を時系列にKPIとして把握することは、顧客のニーズを設計に活かせている指標のひとつとして活用できる。
・製造設備一覧：製造設備を見ることで、どのような製品が製造可能かを判断できる。製造資本として一覧にすることで、発注側の生産能力評価を容易にし、受注の機会を増やす。

〈伊賀工場〉
・製造設備：伊賀工場は主に大型の送風機を製作している。そのために製造資本である重要な製造設備の見せる化を行っている。また、それらの設備を活かすための改善活動について記載している。

[2] 事業目標達成のための資本
ここでは、組織資産を中心に示す。
・is工房：顧客と営業、スタッフ間のコミュニケーションを円滑に行い、正確性と時間短縮を実現するシステムである。

顧客が営業担当に問い合せをすると、is工房のデータベースから最適な回答を迅速に答えることができる。この問い合せ件数や回答時間を時系列で把握することで、顧客の迅速な事業活動の実現度を把握できる。
・技術データベース：技術情報提供リードタイムは、顧客や流通からの技術的な問い合せに対して何分で提供できるかを示している。技術情報には、納入仕様書や性能曲線図、CADデータ、取扱説明書をダウンロードすることが可能である。これらの技術情報を迅速に提供できることも、顧客ニーズに対応することになる。

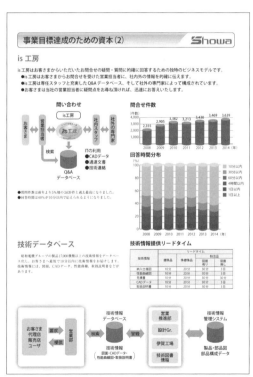

昭和電機 知的資産経営報告書2015より③

[3] 外部資産との関わりである関係資産

・顧客との継続的なパートナーシップ：重要成功要因と顧客提供価値を繋ぐためには「お客さまを熟知する」ことが必要である。そのための取り組みとして7ステップや近接営業拠点を示している。

・協力会社への情報公開：協力会社とはEDIが活用されている。

受注情報を直ちに協力会社に開示することで、納品時間を短縮し4日納品の実現を支えるシステムになっている。また、協力会社にとっても在庫面積や在庫金額、在庫数の削減に貢献している。それらの値をKPIとして把握し、関係資産であるパートナーシップを示すKPIとなっている。

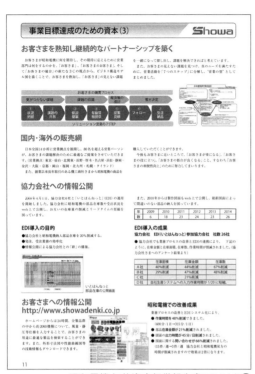

昭和電機 知的資産経営報告書2015より④

[4] 製造設備のひとつである試験設備を示す

生産のための製造資本とは異なり、試験設備を開示することは、試験能力の幅広さを示すことで他社との違いが明確になる。試験設備の充実と利用度を把握することはKPIの評価指標になる。

[5] 事業目標達成のための資本

事業目標達成のための資本では人材を育成するための「共育」（※上司と部下、共に成長すること）について記載されている。

顧客が気づかない潜在ニーズを聞くために、営業担当者は「傾聴力」が必要である。ニーズを形にするには技術者の「専門力の蓄積」が必要である。それらは、人間形成を第一義とする理念のもと、社員一人ひとりの成長になり、お客さまの価値創造に繋がる。また、社内講師が育っており、従来外部委託していたBeeダッシュプロジェク

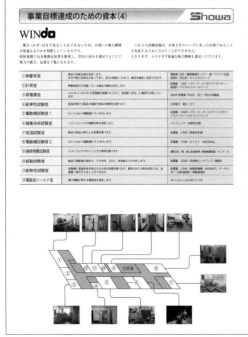

昭和電機 知的資産経営報告書2015より⑤

昭和電機 知的資産経営報告書2015より⑥

トや営業改革の指導を社内で行うようになり、費用は年々低減している。共育にかける費用や内容を時系列にKPIとして把握することで、共育計画に基づいた効果と比較して検証が可能になる。

共育に繋がる図書館も設けられ幅広く充実した書籍を揃えられている。また、蔵書数や貸出し状況をKPIとして把握することで、社員のスキルアップの指標として活用できる。

③非財務指標エッセンス

報告書の最後に非財務指標のエッセンスをまとめ、重要な非財務指標を時系列で示すことで、業績との関わりを把握できるようにした。

非財務指標エッセンス

		2011年	2012年	2013年	2014年
最適納期、多品種・少量生産への対応	1受注あたりの台数(台)	1.88	2.03	1.97	1.97
	新規設計台数(台)	2,333	3,900	3,299	3,039
公開図面	営業公開図面数	16,500	19,829	22,665	24,813
製品在庫	製品在庫金額(千円)	21,167	25,405	17,380	24,816
	製品在庫回転期間(日数)	1.30	1.58	0.88	1.25
営業展開	営業拠点数	10	13	15	14
	営業人員	73	79	83	82
	営業担当者割合	41.5%	43.16%	45.36%	44.3%
ｉｓ工房	専任人員	2	2	2	2
	相談件数(年間)	3,213	3,430	3,469	3,639
	60分以内の回答率	76.0%	72.8%	75.4%	77.2%

		2011年	2012年	2013年	2014年
協力会社との関係	昭栄会社数	17社	17社	17社	17社
	昭栄会部品購入比率	68.2%	62.2%	58.7%	57.4%
安全性・品質	研究開発費(千円)	168,129	128,086	160,772	160,243
	共育費(千円)	12,851	12,518	9,009	19,605
	社員一人あたりの共育費(千円)	74	68	49	105
	離職者(定年退職を除く)	3	3	6	11
	離職率	1.7%	1.6%	3.2%	5.9%
	表彰件数	0	3	2	0

昭和電機 知的資産経営報告書2015より⑦

④売り上げ、経常利益と各資本への投資

売り上げや経常利益と、社内の様々な取り組みや外部環境とを比較することで、効果の検証にも繋がる。

⑤経営理念等（2016年版）

そして、これらの事業目標達成のための資本の基礎になっているのが、経営理念、社是、社訓、行動規範などであり、その具体化のひとつが、図・事業目標達成のための資本（6）（P59参照）に示される「相利共生」の考え方である。

「相利共生」とは、『企業が単独で、いかなる目的も達成することなどあり得ないこと。利

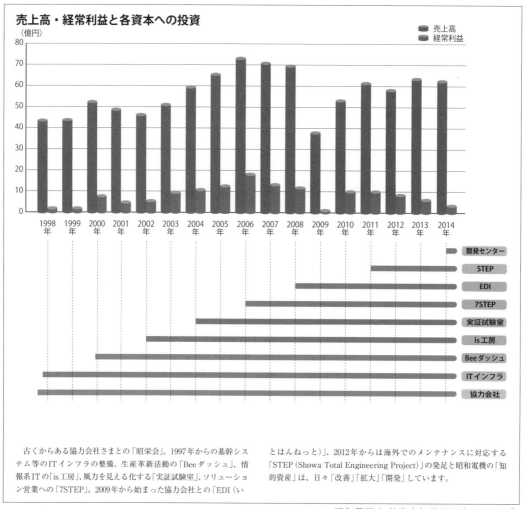

古くからある協力会社さまとの「昭栄会」、1997年からの基幹システム等のITインフラの整備、生産革新活動の「Beeダッシュ」、情報系ITの「is工房」、風力を見える化する「実証試験室」、ソリューション営業への「7STEP」、2009年から始まった協力会社との「EDI（いとはんねっと）」、2012年からは海外でのメンテナンスに対応する「STEP（Showa Total Engineering Project）」の発足と昭和電機の「知的資産」は、日々「改善」「拡大」「開発」しています。

昭和電機 知的資産経営報告書2015より⑧

害関係者（ステークホルダー）と良好な協働関係を維持することによって「相手よし」「当方よし」「世間よし」の近江商人由来の考え方が、協働関係者との基本的な姿勢でなければなりません。』

『当社の事業を継続的に発展させるためには、社員や協力会社、代理店・販売店さまと共に発展する「相利共生」の関係が重要であると考えています。

社員とは「社員持株会」、協力会社とは「昭栄会」によって「相利共生」を図っています。』

という昭和電機の理念に基づいた関係資産の重要性を説明している。

同社には、ここで取り上げた資本以外にも様々な取り組みやKPIがあり、統合報告に記載されている。

ごあいさつ

Showa

2015年営業年度の経営方針として次の指針を掲げました。

— 殻を破る —

「組織で挑戦し、スピード感を持って完結させる」
「熟知すること」を第二のキーワードとして、みんなで感動を作ろう!!

今年の昭和電機グループにおける活動指針は「殻を破る」です。立ち上がろうとする瞬間に心意気を皆で示し、各人が一人ひとりわが身に変化を起こすと宣言しようと指針の一番目に示しました。
第二のキーワード「熟知」は私たちの行動としての「起昇展結（きしょうてんけつ）」を高い精度で積み上げていくとき、従来から居座っている行動系・価値観系（好き嫌い）の固定観念、そして生活習慣系のこだわりなど多くの壁や障害をつくってしまい自由な発想も行動にも広がっていかないことは、皆感じているはずです。そこを「一歩踏み込んでみよう！」というのが今年のキーワード「殻を破る」ことになると考えます。
それぞれの部門においては、収支損益の戦略的処理を受け持っていますが、各々が会話を通した情報の思い違いの少ない連携をすることで、安定した高い品質の業務を期限内にこなしています。このように「熟知」というのは視点を変えれば会話相手のやや曖昧な表現の論理的な意味を理解することができたり、確認のポイントが的確であるため思い違いの再々にわたる確認が他人に比べて極小になるのは間違いないであろう。そのようなわけで「熟知」することを、会話の相手だけでなく直接・間接の別なく利害関係者の各層の方々や各社の経営理念や企業としての歴史、成長性・収益性などの情報交換をするなどして相互の熟知度を上げておけば、必ずや近未来に向けて良好な関係の維持はもとより新しい成長へのキーポイントに会えるかもしれない。
各地域に存在する全ユーザ様の職場改善へのご提案に向け窓口の商社様と連携プレーに注力する「近接活動」は「熟知」の完成度を短い時間で引き上げるとともに、訪問先様との新派化を加速的に進めます。きっと良いことがあるようだと信じて頑張り、健康と安全と感動を決して失念しないよう行動していきます。

代表取締役 柏木武久

経営理念「飛躍求新」

人間形成を第一義とする経営を基本とし『流れの技術』と『回転機の技術』を深め応用し産業界におけるさまざまな活動を通して社会的責任と使命を果たします。

社 是「磨練る®」

他人に学び自己を作り、それを他人のために活かす。
「磨練る」とは、未完成な自己の、不十分なものや不足しているもの、あるいは欠落しているものを充足するために、多くの利害関係者から学び入れ、「社会性を高める」ことだと考えています。
そして、それらを世のため他人（ひと）のために役立てるという、「社会に対する貢献」をすることです。

社 訓

1.買う身になって親切に　—真—
現場主義の実践を通してお客さまの立場となり顧客志向に徹すること。

1.仕事はいつも積極的に　—善—
新しい時代の変化をすばやく感じ取る感性を磨き、つねに意欲的で創造的な活動姿勢で取り組むこと。

1.お互いは仲よくたのしく　—美—
社内外の利害関係者（ステークホルダー）とコミュニケーションを活発にし、良好な人間関係を重視すること。

環境方針

環境理念
私たちは、送風機、環境改善機器（集じん機など）の開発・設計・製造・販売およびサービスの活動を通して、［流れの技術］と［回転機の技術］をコアに、環境負荷の軽減をめざし天地自然と響き合い、環境へ**ホスピタリティ**（心くばり）するメーカーでありつづけます。

環境活動方針
環境理念をもとに次の方針を定め全員参加の活動で、「環境マネジメントシステムの継続的改善」「汚染の予防」および「環境負荷の軽減」を実践する。
1. 環境関連法規制、その他協定などの要求事項の順守
2. 製品の全ライフサイクルを通して、環境にやさしい製品づくり
3. グリーン提案による、市場のグリーン化推進
4. 減らそう（リデュース）・使おう（リユース）・活かそう（リサイクル）の推進
5. 社員の環境意識の高揚と理解を深め、社内外において環境保全に対する取り組みの輪を広げる

品質方針

1. 顧客へ提供する製品・サービスを通して、「初動と対応」に大きな努力を傾注し、つねに『良好な双方向の関係の共有』を目指す。
2. 顧客ニーズを理解し、要求事項を満たし、到達期限の遵守をもって顧客の信頼と満足を獲得できるよう『誠実』を刻みつづける。
3. 市場の変化の速さに対応できる品質マネジメントシステムを構築し、計画し、実施し、効果的に機能させるため定期的に見直し、システムの『向上』と『鮮度』を維持する活動を、経営の最前線に位置づけて実践する。

この品質方針は、品質マネジメントシステムの有効性の継続的な改善を実施し個(顧)客に満足を提供するため、昭和電機株式会社としての個(顧)客重視の経営に対する方針であり、経営者としての決意を表明するものです。

行動規範

Showa

■お客さまに対して
「流れの技術」や「回転機の技術」を駆使し、高品質で迅速かつ正確な納期で、お客さまの利便性の向上と真のニーズに誠実にお応えすることを使命とします。
お客さまとの持続的なパートナーの関係を構築することをめざします。

■販売パートナーに対して
昭和電機製品の販売やサービスを通して、販売パートナーのお客さまのご満足と、適正な利益を得る機会を提供いたします。

■ものづくりパートナーに対して
ものづくりパートナーのみなさまと、常に対等、公正な取引のもと、相利共生を図り、互いの経営の安定につながる関係を構築します。

■社員に対して
整理整頓や身だしなみに気をつけ、業務遂行に必要な雰囲気作りを心がけます。
「まずやってみよう」の次に考える精神で、新たなことにチャレンジしていく企業風土を醸成します。
社員全員が個人として尊重され、公正に処遇され、自由に意見を述べ合い、清潔で安全な労働環境の中で従事でき、そして家族に対する責任を十分果たせるようにします。

■次世代に対して
事業活動そのものが環境に対し影響を与えていることを常に認識し、その活動の中で環境への負荷低減と資源保護に努めます。
環境改善製品やサービスを提供することで世の中の環境保全に貢献します。

■地域社会に対して
企業市民として法令順守はもとより、一人ひとりが地域の社会活動、災害支援、ボランティア活動に積極的に参加することのできる職場環境を整備します。

統合報告とは

Showa

昭和電機にとっての統合報告の基本原則

統合報告書は、自社が事業活動を進めるために、経営環境を反映しつつ、戦略的に取り組む重要項目を明確にし、どのように企業価値を創造・維持するかについて明瞭かつ簡潔に表すものです。

●戦略的焦点と将来志向
自社の戦略とその戦略がどのように短、中、長期の利益創出能力や経営資源に影響しているかについて説明したものです。昭和電機は「事業機会とリスク⑦」「将来に向けた事業展開⑧」で示しました。

●情報の結合性
自社の長期にわたる利益創出能力に関わる重要な活動の関連性や依存関係を、「価値創造のプロセス⑤」ならびに「事業モデル⑥」で示しました。

●ステークホルダー対応性
自社と主要なステークホルダーの期待に応えるために、どのようにニーズを理解し、考慮し、対応しているかについての説明したものです。昭和電機は「is工房⑩」「お客さまを熟知し継続的なパートナーシップを築く⑪」「協力会社への情報公開⑪」「お客さまへの情報公開⑪」「個(顧)客近接営業体制⑬」「共育⑯」「相利共生⑭」「社会貢献」そして全体として「事業モデル⑥」で示しました。

●重要性と簡潔性
自社の短、中、長期の利益創出能力を分析する上で、重要な情報を簡潔に説明したものです。昭和電機は「事業モデル⑥」ならびに「将来に向けた事業展開⑧」において示しました。

●信頼性と完全性
ポジティブ面とネガティブ面の両方から、重要性のある全ての事柄を偏りなく、誤りがない形で説明したものです。昭和電機は「事業機会とリスク⑦」「将来に向けた事業展開⑧」ならびに「各資本の価値を示すKPI⑰」で表しました。

●一貫性と比較可能性
一貫性のある指標（KPI）を用いたり、自社の「価値創造ストーリー⑤」の重要な箇所について他の組織と比較ができるように説明したものです。昭和電機は「各資本の価値を示すKPI⑰」ならびに「非財務指標エッセンス⑰」「売上高・経常利益と各資本への投資⑰」において示しました。

※ ○の中の数字はページを表示しています。

昭和電機 知的資産経営報告書2015より⑨

事業目標達成のための資本(6)

Showa

相利共生

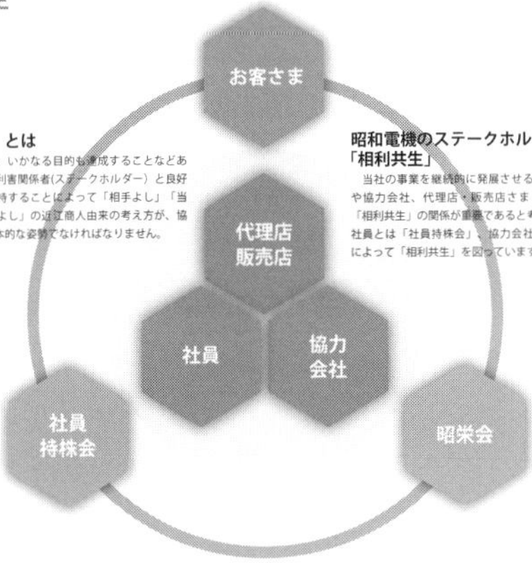

「相利共生」とは
企業が単独で、いかなる目的も達成することなどあり得ないこと。利害関係者(ステークホルダー）と良好な協働関係を維持することによって「相手よし」「当方よし」「世間よし」の近江商人由来の考え方が、協働関係者との基本的な姿勢でなければなりません。

昭和電機のステークホルダーとの「相利共生」
当社の事業を継続的に発展させるためには、社員や協力会社、代理店・販売店さまと共に発展する「相利共生」の関係が重要であると考えています。
社員とは「社員持株会」、協力会社とは「昭栄会」によって「相利共生」を図っています。

昭和電機グループではステークホルダーの方々と「相利共生」の関係を醸成しています。
製品や部材、部品等を最適なタイミングで最適な数量を提供して頂けるのは、相互に信頼関係が構築された協力会社さまのおかげです。このご協力によって、お客さまへ高品質な製品をご要望の納期にお届けすることができます。
また、日本全国を網羅した販売パートナーと長年にわたりお取引をいただいており、昭和電機の商品を全国のお客さまにお届けいただいております。

協力会社と相利共生

■ 昭栄会
協力会社17社でつくる「昭栄会」で研鑽と親睦を図っています。

■ 取引年数
昭和電機では、協力会社と共に繁栄するため、長いお付き合いをさせて頂き、昭栄会会員企業との平均取引年数は、20年以上になります。

昭和電機 知的資産経営報告書2015より⑩

４．知的資産経営の成果

同社の2007年から始まった知的資産経営報告書の成果をまとめる。

①社員が経営方針への理解を深めた。

経営者の思いが、社員との意識のずれのため、なかなか伝わらなかったが、知的資産経営報告書の価値創造のプロセスにおいて、ストーリーや歴史を知ることで社員が自社の経営理念を理解できるようになった。

②自社の強みがどのような資産の組み合せで生まれてくるのか、誰にでも分かるようになった。

概念的に自社の強みは感じていたが、「人的資産」「組織資産」「関係資産」「財務資産」等に資産を分類し、繋ぎ合わせることでそれぞれの資産の重要性が分かり、強みにどのように影響しているのかが明確になった。

③ステークホルダーに対してそれぞれの立場で経営方針を理解していただけた。

お客さまへ価値を提供する際の自社の役割を理解することができ、モチベーションの向上、改善の方向性の明確化に繋がった。

④お客さまからの信頼度が高まり取引拡大に繋がった。

非上場であるが経営報告書を開示し続けていることが評価され、経営方針とも相まって特に大手企業との取り引きが深まった。

⑤毎年視点を変えて報告書を更新し続けることで、これまでは気づかなかった強みと弱みが浮き彫りになった。

視点を変えることで「価値創造のプロセス」の形が変化し、ステークホルダーに理解を得やすい表現にたどり着けた。

⑥主として知的資産でお客さまへ価値を提供できていることが分かり、特に人的資産の重要性が改めて認識できた。価値創造のプロセスを資産ごとに色分けすることで、どのような人材が必要なのかも明確になった。

2014年からは統合報告として発行しているが、上記の部分については変わりがない。「人的資産」「組織資産」「関係資産」「財務資産」の４種類の資産に分類されていたものが「人的資本」「製造資本」「知的資本」「社会・関係資本」「自然資本」「財務資本」の６種類の資本に（P53）細分化されたことによって、より詳細な結びつきが表現できるようになったと考えられる。

（5）2017年版の変化

2017年１月に柏木武久氏より柏木健作氏に代表取締役が継承された。

柏木健作氏への事業承継があり、知的経営報告書は2017年版はリニューアルされた。

「製造部門を持つサービス企業（MAGOKORO Company）を目指す」という新しい理念に基

づき、より見やすく、より分かりやすくを編集方針として、各部門からメンバーが集まり自社の資産を洗い出した。

その意気込みはトップページに表れている。

・2017年版

「分かりやすさ」においては、表現方法を見開きとして示すことで情報の一覧性を高め、チャートや写真を豊富に使って、理解を深めやすくした。

同社は、我が国がはじめて知的資産経営に取り組んだ2006年から毎年見直しを行い報告書にまとめている唯一の企業である。

知的資産経営の改善ポイントは経営の流れ、業務の流れを整理し、社内で共有したことにある。継続は力である。

昭和電機 知的資産経営報告書2017より①

昭和電機 知的資産経営報告書2017より②

第七項 但陽信用金庫

1. 会社紹介
(1) 概要　2014 (平成26) 年3月末時点

名称	但陽信用金庫
経営理念	正　義…私どもは、社会正義、社会道徳を全ての行動の基本とします。
	革　新…私どもは、常に現状に甘んじることなく、時代を先取りします。
	人間愛…私どもは、ヒューマニズムを基本として、末永いおつきあいを目指します。
本店所在地	兵庫県加古川市加古川町 溝之口772番地
店舗数	33店舗
営業地域	加古川市、高砂市、姫路市(旧飾磨郡家島町を除く)、たつの市、加西市、三木市、小野市、西脇市、加東市、明石市、神戸市西区・垂水区、朝来市、神崎郡、加古郡、揖保郡
社員数	649名(28年3月期以下同じ)
総資産	744,994百万円
純資産	54,763百万円
出資金	1,050百万円
預金	682,832百万円
貸出金	269,373百万円
中小企業等向け貸出金・貸出先数	
	貸出金　122,362百万円
	貸出先数　3,905件
預貸率	39.45%
自己資本比率	18.18%

(2) 地域特性

　但陽信用金庫の営業エリアは、郡部は少子高齢化による人口減少が進み、都市部は商工地域と阪神間のベッドタウン化による住宅地が混在する地域である。このような中で、播磨16市町の中心都市である姫路市が「地方中枢拠点都市」に指定されたことで、今後姫路城等の観光資源を活かした周辺地域を含む活性化が期待されている。播磨臨海工業地帯の現況は、新規設備投資など増産体制にあり、順調に売り上げが推移しているものの、地場産業などの中小企業は人手不足や資材高騰などのコスト高から依然厳しい状況にある。地

域内の金融環境は、都市銀行はじめ地方銀行等との競争が激化する中で、信用金庫のシェアが高い点が特徴的である。

（3）地域密着金融の実践

但陽信用金庫は、取引先企業への支援強化策として、創業・新事業支援や中小企業のライフステージに応じた成長支援、経営改善支援などに取り組んでいる。

その中で、一般社団法人兵庫県信用金庫協会等が主催する「川上・川下ビジネスネットワーク事業」に参画し、取引先の販路開拓・ビジネスマッチングや専門家派遣等に活用している。また、平成25（2013）年10月に中小企業庁が運営するポータルサイト「ミラサポ」に参加し、取引先への専門家派遣制度を活用しての販路開拓・経営改善などにも取り組んでいる。

さらに、認定支援機関として、「ものづくり補助金」や「創業補助金」等の補助金申請支援を行っており、平成28（2016）年度は93件の支援のうち30件（3億5千8百万円）が採択された。

2．知的資産経営支援に取り組む目的

・取引先企業は、厳しい経営環境の中で様々な経営課題を抱えている。一方で、自らが意識していない強みも有している。経営陣と社員が一体となり、知的資産経営報告書や経営レポートを作成することで、自社を見つめ直し今後の事業の方向性を共有し、新たな経営に取り組むきっかけとなる。

・地域金融機関にはコンサルティング機能が求められている。金融機関と取引先企業が手を携えて知的資産経営に取り組むことで、経営課題の解決が可能となる。また報告書作成支援を行うことで、業種特性や事業内容の把握など、本業支援による「目利き力」の向上に繋げる。

3．これまでの知的資産経営への取り組み（あるいは無形資産に関する支援）

平成21（2009）年度に、公益財団法人ひょうご産業活性化センターから知的資産経営を紹介され、同センターと連携しながら知的資産経営支援に取り組んだ。

平成21年度から28（2016）年度にかけて、719社が普及啓発セミナーに参加し、242社が事業価値を高める経営レポートや知的資産経営報告書を作成している。

支援開始時から、取引先企業に専門家による支援を提供する際には、担当する支店長や担当者も同席し、参加企業への理解を深めてきた。平成25（2013）年度からは、職員を中心とした知的資産経営支援を実践するため、企業へのヒアリングは、専門家を前面に出すのではなく、職員が主体となることで、より顧客への理解を深め信頼関係を構築している。このことが、通常の企業訪問の中でも活用できる目利き力向上に繋がっている。

〈主な支援実績〉

年度	普及啓発セミナー	事業価値を高める 経営レポート	知的資産経営報告書
平成21年度	58社	20社	5社
平成22年度	62社	24社	2社
平成23年度	67社	20社	2社
平成24年度	84社	14社	5社
平成25年度	106社	16社	2社
平成26年度	89社	28社	20社
平成27年度	85社	19社	6社
平成28年度	108社	58社	1社
計	719社	199社	43社

〈主な職員向け研修実績〉

年度	参加人数	支援先企業数
平成25年度	36名	6社
平成26年度	128名	30社
平成27年度	36名	6社
平成28年度	60名	20社

4. 平成26年度における知的資産経営支援の流れ

(1) 知的資産経営支援プログラム

回	形態	概要	日数
1	個別	知的資産経営についての説明、知的資産、強みの洗い出し	0.5
2	個別	価値創造ストーリー、将来戦略の検討	0.5
3	個別	KGI/KPI、アクションプランの検討	0.5
4	個別	予備日(報告書執筆支援)	0.5

(2) 支援に取り組む上での工夫

・同金庫は知的資産経営支援に取り組んだ期間が長いため、知的資産経営の内容を正しく
理解している職員が多い。そのため、今回の支援では、さらに理解を深めるべく、過去
に事業価値を高める経営レポート作成に取り組んだ企業を支援対象とし、冊子版知的資
産経営報告書の作成に取り組んだ。

・事業期間に限りがあるため、報告書作成にかかるヒアリングやワークは主に専門家が主
導し、期間内の完成を目指した。参加する職員は、ワークショップの場合は議論に参加

し、また、ヒアリングでは専門家の引き出し手法を学びつつ、疑問に感じたことを積極的に質問するよう努めた。

・専門家の訪問回数は限られるため、訪問時のみでは報告書の完成には至らない。訪問後に専門家が課題として企業に与えた宿題に対して、職員が訪問、電話、メール等でのハンズオン支援を行い、専門家と連絡を取りながら次回の訪問に繋げる流れを作った。

5. 知的資産経営支援の支援スキーム

〈参加者の役割〉

但陽信用金庫の職員

　支店長が中心となって支援に取り組んだ。支援の際には支援企業を担当する職員（支店の現場職員）と、融資担当も時間の許す限り同席した。参加者はワークショップへの積極的な参加、ヒアリングを実践し、報告書の取りまとめについても企業への支援を行った。専門家のサポートに頼るだけでなく、補完的役割を担い、自らの知識の習得やスキルアップに取り組んだ。

専門家

　冊子版知的資産経営報告書の作成のため、訪問時に主導すると同時に、但陽信用金庫の同行職員にワークへの参加やヒアリングの機会を与えた。但陽信用金庫の職員と課題を共有し、支援期間全般を通して、職員が企業に対するハンズオン支援を実施しやすいよう、ポイントの整理を行った。

企業

　これまでに知的資産経営支援を但陽信用金庫から受け「事業価値を高める経営レポート」を作成した企業が対象となっているため、作成済みの「事業価値を高める経営レポート」を活用しつつ、現時点の経営を見直し、知的資産経営報告書の作成に取り組んだ。

6. 効果・課題

(1) 金融機関における効果・課題

a. 担当部署の声

　平成26（2014）年度は、「経営レポート」作成支援を16社に実施。「知的資産経営報告書」作成支援は「高度実践型支援人材育成事業」で8社、「知的資産経営普及のための調査事業」で10社。職員対象の知的資産経営支援をベースとした「課題解決型実践研修」では10社の経営レポート作成支援に取り組んだ。いずれも同金庫の現場の支店長や事業所担当、チーフに加えてベテラン渉外担当に範囲を拡大した。不慣れな面はあったものの、これまで

の取り組みに対する自己反省と新たな仕事の展開を意識するなど一定の効果もうかがえた。

取引先の報告書作成には、1回3時間以上、4〜5回の企業訪問を要した。全ての企業が社員を含めてヒアリング等に対して真剣に対応し、報告書・経営レポートの完成発表会では一応に評価された。

これらの顧客の反応は職員にとって日頃味わうことがないものであり、モチベーションアップに効果があったと感じている。浮かび上がった強みや課題については、次の取り組みへと展開しており、「経営者と社員のコミュニケーション不足が課題」だからと、社員から「現状を打破したい」との話があり、再ヒアリングを実施。経営者に具申するなどの流れも出ている。また、具体的に強みを活かしてトップラインを引き上げるために専門家派遣制度を活用している事業所もある。これまでの報告書作成では、ややもすると報告書の見栄えを優先しすぎている感があり、金融機関としては本質部分に踏み込むことが課題として残った。

今後の「知的資産経営」支援は、営業店担当者のレベルアップと、これまでに取り組んだ取引先のブラッシュアップ、新規取り組み先への推進を図る。また、これまでの取り組み先を対象とした「知的資産経営クラブ」の立ち上げを行い、ブラッシュアップや異業種交流などを目的とした組織化に取り組む。

b．参加者の声
- 支店長　　　これまでも何度か訪問している企業様だが、今回はじめて、事業内容や企業の強みについて深いところまで理解・認識できました。
- 支店長　　　報告書作成に参加したことで、企業独自の強み、知的資産についての理解がより一層進みました。
- 支店長　　　知的資産経営報告書の作成に前向きに取り組んでいる企業は、基本、潰れない企業だと感じた。
- 融資担当者　はじめて知的資産経営の支援を経験し、一連の流れを見ることができてよかった。専門家の引き出し方を目の当たりにすることができ、このようにすればより深い情報を引き出せるのだと学ぶことができた。

（2）企業における効果・課題
- 経営者　　　頭の中でもやもやしていたもの、なんとなく理解していたものが、整理でき、はっきりと理解できた。
- 経営者　　　私たちの思いを引き出してくださり、まっすぐ、分かりやすくまとめていただいたことに感動した。
- 経営者　　　事業価値を高める経営レポート作成の時にいろいろと気づきがあり、会社のことは分かったような気がしていたが、今回改めて多くの気づきがあっ

た。また、社員と一緒に取り組んだことで、なぜそれをしなければならないのかという根本を共有できたことがよかった。

- 経営者　事業の財務状況と今後の数値計画について一緒に検討したことで、今まで会社の数字について、ずっとあやふやな理解のままだったことに気づいた。もう一度勉強し直したいと思う。

- 経営幹部　会社の価値が伝わる内容のものができてよかった。これから活用していきたい。

- 社員　取り組みの中でいろんな指摘を受けて、今まで思ってもみなかったことに気づくことができて、楽しかった。

- 経営幹部　将来のビジョンからアクションプランを具体的に考えることができた。ただ、やるべきことが多すぎて大変そう。

- 経営者　ここまで支援してくれる金融機関は、今までなかった。

- 経営者　グループワークを通じて、スタッフが何を考え、どの様に思っているか、理解できた気がする。

- 経営幹部　専門家と一緒にワークをしている時間はとても楽しかった。しかし、宿題をこなすのは、なかなか時間が取れず、つらかった。自分の会社のことを深く理解する非常によい機会となった。

"流れ"の改善

第二章

事業はプロセスの繋がりである。

繋がりの中で質を高めることもできるし、下げることもできる。

流れの指標は事業プロセスや業務プロセスの〝時間〟で

計測と検証を行うことができる。

第一項　量、質、時間の考え方

プロセスで見て欲しいモノ（指標）は、時間の概念である。

プロセス時間を見る視点は、3つある。

①インプットを受けて、次のアウトプットまでの時間はスムーズか。

　いわば、プロセスそのものの時間である。長いか、停滞していないか、手戻りを起こしていないかを検証する。

②プロセスの受け渡しはスムーズか。

　必要な情報や資料、価値は確実に渡せているか。受け取った側はもらった資産を充分に活かし、次のプロセスに渡せているかを検証する。

③トータルとして会社全体のプロセスはスムーズか。

　上記の流れが会社全体として滞りなく流れているかを検証する。

　それらの流れを観察・検証してみて、プロセス時間が短いものに、「ええとこ（知的資産）」がある可能性が高く、プロセス時間が長いものに「課題（知的負債）」がある可能性が高い。

　どのような「知的資産」が次の事業価値にどのように繋がり、どのような新たな価値を創造しているかを、事業の発展のために認識しておく必要がある。

　一方、時間が掛かっているプロセスについては、その理由が掴めており、必要性が納得できているかを確認することが重要である。

　このような考えに至った理由は、若い時に身体を壊したことにある。当時としては不治の病であり、十数年後は死に至る病気であった。

　悶々とした日々の中で、「命」とはなんだろうと考えた。

　そして、さんざん悩んだ結果、命は時間である、という考えに至った。

　時間を大事にしないのは、命を大事にしないのと同じなのだ。

　次項では時間の重要性を示す事例を紹介する。

第二項　昭和電機の場合

第一章の事例で昭和電機を取り上げた。

その事例の中で、「is工房」があった。これは、お客さまのつぶやきが聞ける仕組みである。

この「is工房」設立の経緯や働きについて紹介する。

当初、昭和電機には、お客さまと営業担当者の間の課題と、営業担当者とスタッフ間での課題があった。

　お客さまが営業担当者に問い合わせをした際、営業担当者が分からないことがあると自社スタッフに問い合わせをする。しかし汎用的な製品ではなく独自仕様製品を売りにしているため、問い合わせも複雑な内容のものが多い。

　ベテラン社員であれば、スタッフに聞かなくてもおおよその仕様の判断はできる。しかし、若手社員の場合、仕様の判断は難しいため、当たりを付けて社内スタッフに聞くことになる。

　営業担当者は80名以上おり、対応するスタッフには一日に何件も問い合わせが入る。また、同じ問い合わせの回答を何度もしなければならない。レベルの高い難しい問い合わせであれば答え甲斐もあるが、レベルの低い内容の場合は答えるのが面倒になり、たらい回しになる場合がある。そうなると、営業担当者とスタッフ間で不信が生まれる。

　営業担当者とスタッフの、両方の仕事が中断され流れに滞りが発生している。

　お客さまの立場からすると、問い合わせの回答が返ってこないので、不満が残る。これはお客さまからの業務プロセスの流れが停滞を起こしているのだ。

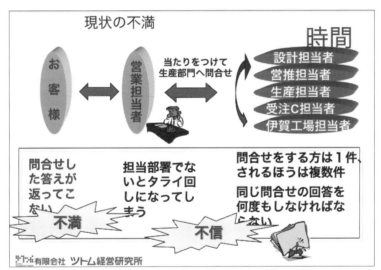

昭和電機発表資料より①

　そこで、昭和電機は「is工房」と名称を付けて改善に取り組んだ。
　その「is工房」の目的は、
　①顧客満足度の向上
　②潜在的な顧客ニーズの把握
　③営業担当者が幸せになる仕組み
　④スタッフが幸せになる仕組み

⑤収集された情報の活用

である。

「is工房」では次のような仕組みを構築した。

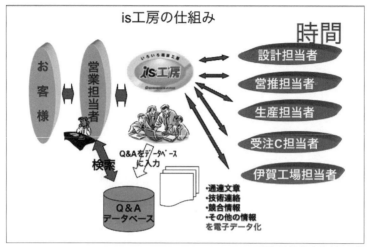

昭和電機発表資料より②

　営業担当がお客さまから問い合わせを受ける。自分で回答できず、スタッフ部門にたずねないと分からない質問はis工房に聞く。
　質問を受けたis工房では、新しい質問については該当スタッフにたずね、その回答は営業に答えるとともにQ&Aデータベースに蓄積していく。
　そしてQ&Aデータベースが充実してくると、スタッフにたずねなくてもQ&Aデータベースから答えを得ることができる。そうするとスタッフに確認を取らずお客さまへ迅速な回答ができ、お客さまの利便性の向上が図れる。商談のスピードアップはお客さまの役に立つことで勝てるチャンスを得ることができる。
　どのような取り組みでも定期的に評価と見直しが必要である。同社では問い合わせから回答までの時間がどの程度短縮されたかや、問い合わせ内容を相談区分や製品区分、お客さま区分などに分けて分析し、市場状況や顧客ニーズの分析に活かすとともに製品の改善に繋げている。
　2016（平成28）年10月にis工房は技術相談センターと名称を変え、14年間蓄積したQ&Aデータベースと培った経験を活かし、発展した形で運営されている。

　お客さまの声を製品の改善に活かす一方、営業面での効果を検証するために、営業担当者に営業プロセスにおけるis工房の効果を聞き、実施前と実施後の時間を比較した。
　すると、新規案件の場合、商談の問い合わせから受注に至るまでおよそ510分かかって

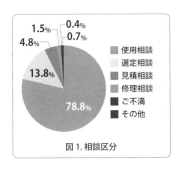
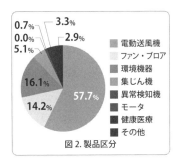
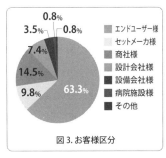

図1. 相談区分　　図2. 製品区分　　図3. お客様区分

知的資産経営報告書より

いた時間が140分に短縮されていることが分かった。

　受注に至る時間の短縮は、訪問件数の増加や商談内容の深まりにより営業成績向上に貢献することになる。

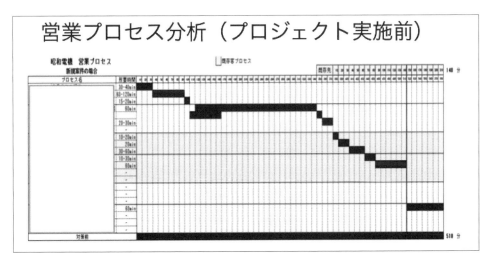

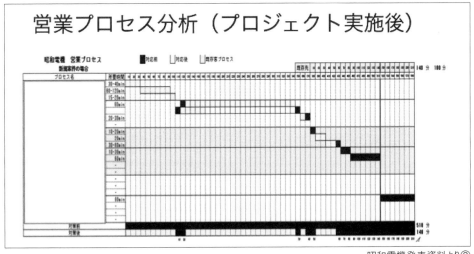

昭和電機発表資料より③

第三項　台形モデル®

営業活動において、活動の指標と成果の関係は台形で示すことができる。

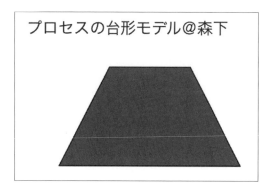

台形の底辺を顧客とのコンタクト件数と捉え、上辺を受注件数と考える。

台形の形を変えて上辺の受注件数を増やすには、どうすればよいか。それには３つの方法があると考える。

ひとつは台形の角度を上げることである。台形の右辺左辺の角度を上げることで、上辺の受注件数を増やすことができる。

右辺は営業担当や社員の、お客さまのことを思う「人間力」といえる。お客さまが何を求めているかを汲み取って、気配りされた最適な対応をとることである。

また、左辺は会社としてお客さまをどうもてなすかを決める会社の「組織力」であるといえる。社員だけがお客さまに対応するのではなく、会社組織としてどのように対応するか、方針として掲げ社内体制を整える必要がある。

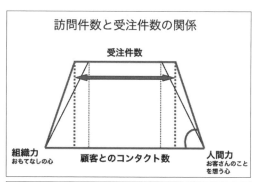

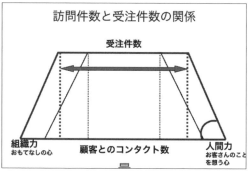

台形の形を変えて受注件数を増やす２つ目の方法は、底辺であるお客さまとのコンタクトの数を増やすことである。

　コンタクトを増やす方法としては、営業担当者の効率のよい訪問計画を立てることや、その実行というフェイストゥフェイスの機会を増やす方法がある。

　訪問の機会の取りにくいお客さまや、商談がピークを迎えている場面ではわざと宿題を作って次回のコンタクトを取りやすくし、再訪問を行い面談の機会を増やすという方法もある。ただし、面談と次の面談に期間をあけては意味がない。迅速な回答という形で訪問を行うことが肝である。タイミングのよい訪問はお客さまへの印象をよくし、受注の機会を増やすことになる。

　一方、Webを使って顧客とのコンタクト数を増やす方法もある。HPをアクセスされやすいようにキーワードを組み込んだり、ユーザービリティを高めて滞在時間を長くする方法などである。例えば、Google Analyticsというアクセス解析ツールを使ってWebサイトやブログなどの強みや改善点を見つける方法である。

　上記２つの方法に加えて３つ目の方法がある。
　それは上辺を下に降ろすことである。台形の上辺を下に降ろすことで上辺は伸びる。下に降ろすとは、レスポンスを速め時間を短縮することである。
　お客さまは速い回答を求めている。あるいは速く実現したい。速く楽しみたい。速く得たい。という速さを求めているのである。キーワードは時間なのだ。

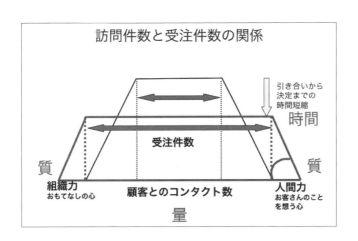

　顧客の求めているものを早く実現することで、他社に先駆けて優位に立つことができる。
　経営コンサルタントの中には、営業担当者の営業力の強化を謳い文句にする人がいる。あるいは、Webの力で顧客からの応答回数を増やす、という方法もある。しかし、大切なのは、量、質、そして第３の要素である時間なのである。時間軸を考慮に入れた戦略や戦術を立てることが重要なのである。

速さが勝負を決する時代であることを認識し、三位一体となった方針を立て計画に落とし込むことが重要なのである。

第四項　顧客のプロセスを見る

　自社のプロセスを整理する時に、顧客のプロセスも同時に整理し、その関係を比較するとよい。
　自社のプロセスが顧客のプロセスのどの部分に該当するかを知り、どの程度貢献できているかを把握する。自社のプロセスによって顧客のプロセスが円滑になっているかを検討するのである。顧客のプロセスをより速く進められるように何をするべきかを定義し、そのための活動内容を決める。
　顧客のプロセスが速くなることは、顧客の生産性向上に貢献でき、高い評価を得ることに繋がる。

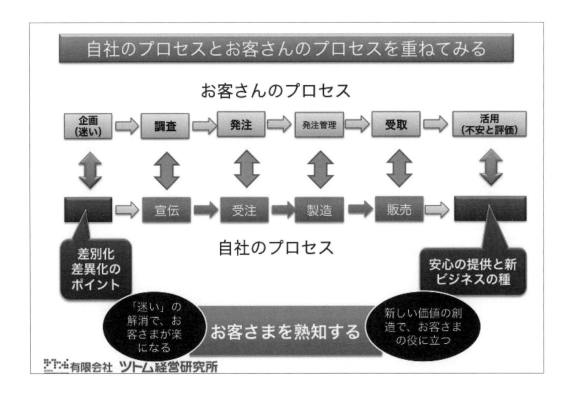

　例えば、顧客は何かをしようとする前には「調査」を行う。その「調査」に該当する自社のプロセスは「宣伝」である。顧客の「調査」をスムーズにし、時間を短く効率を高める「宣伝」方法を考え実施するのである。

同様に、「発注」に関しては「受注」がスムーズに進む仕組みを構築する必要がある。Webなどでユーザビリティのよい画面構成にするという手法もある。

「発注管理」では「製造」に該当する。いかに早く「製造」するかがポイントになる。運送業に置き換えると荷物の配送状況を示すトレーサビリティがそれにあたるといえる。「受取」には「納品」が該当し、迅速に受け取れる方法を構築することである。

自分達の働きでお客さまのプロセスを如何に短くできるかを検討し実践することである。お客さまは短くなったプロセスから二度と長いプロセスには戻りたくないのである。

一方、顧客プロセス分析で考えるべきプロセスは２つある。

ひとつは顧客プロセスのスタート時点である。顧客は何をするべきか考えている状況で、いわば企画段階であり、「迷い」のプロセスにあたる。

この顧客の企画段階まで自社のプロセスを伸ばし、何に悩んでいるかを知り、得意の技術やノウハウを活用し顧客の迷いを解消する。「迷い」を解消することで、顧客のプロセスはスピードアップする。何度かスピードアップの体験をした顧客は、新しい案件が出た時、最初に相談をすることになるだろう。なぜなら速く実現し「楽」になったからである。人は一度「楽」を体験すると、再度「苦」は味わいたくなくなり、「楽」にしてくれる相手を選ぶことになる。

また、同社にとっても得意分野の提案を提示することで、他社ができない企画提案となり、差別化、差異化に繋がり、価格競争から脱することになる。いかに、顧客の最初のプロセスに関われるかを考え実行することが重要である。

顧客の最初のプロセスと同時に把握しておくべきプロセスに、製品やサービスを提供したあとの工程がある。

メーカーなどでいう「アフター」である。提供者側から見れば「アフター」だが、提供を受けた側から見ると、製品であれば実際に活用している場面であり、サービスであればサービスを受けたあとの変化であり、いわば「メイン」である。その活用の場面で顧客のプロセスはどうなっているか、それは使ってよかったのか、という「不安と評価」のプロセスである。「アフターサービス」ではなく、「メインサービス」と考えることが重要となってくる。

提供後のプロセスまで自社のプロセスを伸ばしコミュニケーションを取ることは、顧客の不安の解消に繋がるとともに、顧客の評価も知ることになる。顧客の評価は次の改善のきっかけを知ることになり、新製品や新サービス開発に繋がる。いわば新ビジネスの種になる。顧客のプロセスの流れを整理することは、互いの事業価値を高めることになる。

顧客からいただくべき価値（評価・つぶやき・ささやき）を社内にフィードバックする体制を作り、価値を輪廻転生させることで企業価値を高めることができるのである。

まとめ

業績を上げるためには、事業の"流れ"を整理することがポイントである。

プロセスに時間がかかっている（かけている）本当の理由は何なのか、その理由は納得できるものなのか。もし、本当に納得ができれば、それは逆に重要な知的資産なのかもしれない。

しかし、多くの場合、長いプロセスは無駄なプロセスになっている場合が多い。プロセスの時間を如何に短くするか、ボトルネックを見つけみんなで考え取り組むことが、改善と改革を生み出すことになり、イノベーションのきっかけとなる。

ボトルネックの見つけ方には簡単な2つの方法がある。

ひとつは「溜まっているものがないか」であり、仕事が溜まっていないか、商品が溜まっていないか、人が溜まっていないか等を調べることであり、このことで自分の工程にボトルネックがあることを知ることができる。

もうひとつは、「待っているものがないか」であり、仕事を待っていないか、指示を待っていないか、人を待っていないか等を調べることであり、このことで自分の前の工程にボトルネックがあることを知ることができる。

自社だけでなく、お客さまのボトルネックを解消することで、他社から抜きん出た違いを作ることができる。

弁証法にある「量的変化が質的変化を生む」のである。

ええとこ活用経営® のポイント（ストーリー化）

第三章

知的資産経営という名称は堅苦しく、また知財経営と間違われることも多い。

関西ではGOODなことを「ええとこ」という言い方をする。そこから名前をとった。

企業がお客さまから選ばれる理由は、「ええとこ」があるからだ。

自分自身では気づかない「ええとこ」を探して、見つけ、磨くことでさらに魅力的になれる。

それをどのように表現すれば相手に届き、相手から選ばれるのか。

その考え方を織田信長や三井高利の事例から読み解き、さらにお客さまへお届けする価値や

いただく価値、事業の流れを整理しストーリーで示す基本をお伝えする。

第一項　木、花、実の成果は根っこ

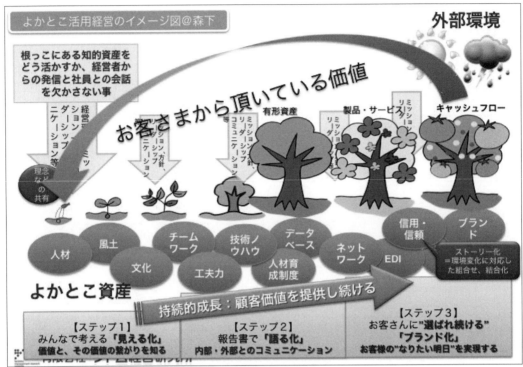

よかとこ活用経営のイメージ図

　QCDという品質（Quality）や価格（Cost）、納期（Delivery）の「表の力」は、様々な社内の取り組みや仕組み、組織風土、関係性などの「裏の力」によって実現できているといえる。また、真の企業価値は財務諸表に計上される資産だけでなく、財務諸表に計上されない「見えざる資産」であり、それが収益の源泉といえる。この見えざる資産が知的資産であり、表の力を生み出しているのである。

　知的資産経営をイメージしやすくするために樹木に例えた。はじめに事業の種をまく、事業の立ち上げである。その種が芽を出すために水や栄養分を与える。事業の立ち上げ時には種が芽を出すまで相当な苦労を要するだろうが、その苦労が報いられてやがて種が芽を出す。新しい芽は栄養分や水を与えることでさらに成長し、立派な樹木に成長する。

　樹木が成長すると次は綺麗な花を咲かせたい。そこで花に合う栄養分を与える。やがて綺麗な花が咲く。綺麗な花が咲けば次は丁寧に手入れを行うことでおいしい果実を得ることができる。

　このように事業は樹木の成長に例えることができる。立派な樹木は設備や建物などの「有形資産」、花は「製品やサービス」、そして果実は「キャッシュフロー」といえる。

立派な樹木に育てることや綺麗な花を咲かせること、そしておいしい果実を付けるためには、大地の下にある根っこが重要な要素となるのだ。この根っこが知的資産なのである。

　外部環境に対応でき、綺麗な花や果実であるキャッシュフローを得るには丈夫な根っこがなければならない。根は大地深く張らねばならない。丈夫な根っこを育てるためには、外部環境に対応できるための栄養分を与えることが重要だ。栄養分にあたるのは、経営理念やミッション、リーダーシップの発揮、そして社内のコミュニケーションによる理念等の共有化だ。それは１回限りではなく、飽きずに継続して発信し続けることが重要なのだ。経営者は継続的に伝えることも大切な仕事である。

　実から得られた種は次の事業継続のために活かされる。その種とは売り上げや利益だけでなく、顧客の評価なのである。その評価は結果としてリピートや紹介、時に苦情・クレームとして表れる。それらの種（顧客からいただいた価値）が事業継続に重要な要素となる。

　では、継続的な発展に繋げるためには、どのような価値を顧客からいただくべきなのかを定義し、指標として評価、検証していくことで事業の羅針盤となる。

　根っこは外からは見えないが、企業の強さやたくましさの源になっている。中小企業は大企業と比べて、見える資産である土地、設備、建物などの貸借対照表上に計上される資産は少ない。ゆえにこれらの根っこである知的資産の有効活用が重要なのである。

　知的資産を経営に活かすには、大きく３つのステップがあると考えている。

ステップ1

　自分たちが保有する知的資産を認識し、それらの知的資産がどのような繋がりで価値が生まれているのか、価値のストーリーを会社全体で認識し「見える化」する。

ステップ2

　見えた知的資産価値を知的資産報告書等でドキュメント化し、内部・外部とのコミュニケーションツールとして「語る化」する。社内の全員が自社のことを知り、価値の共有を図ることでベクトルを揃えた事業活動が行えるようになる。そして、充分な理解を持って外部に発信していくのがよい。自分自身が自社のことを理解していないまま外部に発信しても、相手には響かないからである。

ステップ3

　お客さまに選ばれ続ける「ブランド化」を実現し、お客さまの"なりたい明日を実現する"存在になる。この顧客の"なりたい明日"を知ることが強い会社を作る上で重要な要素となる。顧客は、提供される製品やサービスそのものを目的としているのではなく、そこから得られる"明日"を求めているのである。

　ステークホルダーは顧客だけでなく、社員からも選ばれる企業であることが継続的な発展にとって大切である。

明治元勲で仙台藩家臣に後藤新平がいる。彼の残した言葉、
「金残すは下　事業残すは中　人残すは上」がある。人材の育成が大切だと言われるが、この言葉には続きがある。それは、「されど、金なくして　事業成りがたく　事業なくして人育ちがたし」という言葉である。

よい人材を残すには、よい事業が必要であり、事業を継続するには金が要るのである。

事業を通して顧客に価値を提供したあと、利益以外に顧客から評価や評価の指標としてリピートや紹介があることで事業が継続できている。

いわば事業やその価値は輪廻転生する存在なのである。東洋哲学の多面的視点、長期的視点、根本を考える視点。多・長・根の視点が求められる。

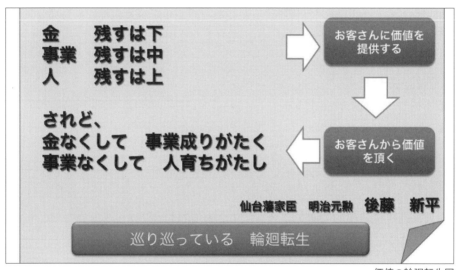

価値の輪廻転生図

第二項　知的資産の分類

「知的資産」は大きくは、内部にある資産と、外部との関係に関わる資産の２つに分類できる。

内部にある資産としては、まず、「人的資産」がある。人的資産は経営者、技術者、技能者、人財などの人に依存している資産のことである。これらは会社から居なくなると消滅する資産である。

例えば、社長のカリスマ性や社長の顔、特定の社員のノウハウなどが該当する。特定の人的資産が会社からなくなることで、資産価値が滅失し、事業の継続が困難になることが予想される。

「組織・技術資産」はビジネスモデル、組織運営力、技術、知財、マニュアル・ルール、仕組み・制度など人に依存せず、形として会社にある資産である。人がいなくなっても残る資産である。

例えば、収益や利益を生み出すビジネスモデルや、組織活動を円滑に進むために手順をシステム化させ運用しているものや、人材育成制度などがある。

「情報資産」は各データベースとして顧客情報（台帳）や技術情報、情報共有、各情報システムなど、組織・技術資産の一部ではあるが、企業活動に重要な役割を果たす資産のことである。従来の分類では「組織・技術資産」の一部であったが、事業価値を考慮した場合、「組織・技術資産」の中で扱うよりも別の資産として扱ったほうが事業価値がより「見える化」される。詳細はあとで述べることにする。

「風土資産」は風土、伝統、礼儀作法、習慣など企業組織に根付いている資産である。風土の善し悪しは社員のモチベーションの向上に果たす役割は大きく、よい風土作りがよい企業作りに繋がるといえる。

「理念資産」は経営理念、経営者の思い、ミッション、方針、ビジョンなどであり、組織活動の根本的な方向性やあるべき姿を示した資産である。

一方、外部との関係に関わる資産として、まず、「関係資産」がある。

「関係資産」は協力会社、販売会社、チャネル、ネットワークなど外部との関係で生み出されている調達（仕入）状況や情報提供などを示す資産である。中小企業の資産は限りがあるため、自社だけで事業を完結することは困難であり、外部との関わりが欠かせない。どのように外部と関係性を構築するかが、企業価値を決めてくる。

「関係資産」は自社ではコントロールできないのも特徴であり、自社の価値を生み出すために必要な「関係資産」と、自社価値を届けるために必要な「関係資産」がある。

価値創造のプロセスでは、何がインプットされるのかを分けて考えると整理されて、戦略ストーリーが描きやすくなる。

「顧客提供価値」は利便性、効率性、感動性、幸福性など、お客さまにお届けしている資産であり、顧客に選ばれている理由でもある。自社が何を届けているかを的確に把握することは、他社との差別化や連携強化の意味で重要である。

また、「お客さまからいただいている資産」がある。評判、リピート、信用・信頼、苦情・クレーム、利益・お金など顧客からいただいている価値であり、組織が持続的成長を実現するために必須の資産である。

他に、見える資産として「財務的資産」と「物的資産」がある。

資産(ええとこ)の分類

	資産名	分類
見えざる資産（内部）	人的資産（人そのものの ええとこ） 組織活動において、人に依存している資産 （該当の人がいなくなると無くなる資産）	経営者
		技術者
		技能者
		人財 など
	組織・技術資産（会社が形として持っている ええとこ） 組織活動において、人に依存していない資産	ビジネスモデル
		組織運営力
		技術、知財
		マニュアル・ルール
		仕組み・制度 など
	情報資産（会社が情報として持っている ええとこ） 組織活動において情報として蓄積されている資産	データベース
		顧客情報（台帳）
		情報共有
		各情報システム など
	風土資産（会社が空気感として持っている ええとこ） 組織に根付いている資産	風土
		伝統
		礼儀作法
		習慣 など
	理念的資産（会社が根っことして持っている ええとこ） 組織活動の根本的な方向性やあるべき姿を示した資産	経営理念、思い
		ミッション
		方針
		ビジョン など
見えざる資産（対外部）	関係資産（外部との関わりで持っている ええとこ） 外部との関係で生み出されている資産 自社の価値に影響を与える資産 変わるための関係資産。変わったあとの関係資産。	協力会社
		販売会社
		連携、マッチング
		チャネル
		ネットワーク など
	顧客提供価値（お客さんに提供している ええとこ） お客様に提供している資産、選ばれている理由	どんなお客さんに
		利便性
		効率性
		感動性
		幸福性 など
お客さんから頂いている資産	顧客から得ている ええとこ 顧客から頂いている価値であり、組織が持続的成長を実現するために必須の資産	評判、リピート、ブランド
		信用・信頼
		苦情、クレーム
		利益・お金 など
見える資産	財務的資産（金銭的な面でもっている ええとこ） お金に関わる資産	資金
		売掛債権
		在庫
		など
	物理的資産（物的なもので持っている ええとこ） 物的な資産	原材料
		設備
		店舗・工場
		立地 など

「情報資産」を「組織・技術資産」から切り離して考える理由は、情報資産が事業活動に及ぼす重要性が増えているためである。

「情報資産」には次の4つの大きな機能があると考えている。

(1) 知的資産を繋げる

(2) 知的資産を強化する

(3) 知的資産を変換する

(4) 知的資産経営推進を下支えする

これらが、競争力強化や差別化に繋がる。

(1) 知的資産を繋げる

例えば、前述の昭和電機のis工房の場合が該当する。

製造や技術のノウハウをデータベース化し、営業のフットワークのよさという人的資産と結び付けることで、顧客の疑問に迅速に答えたり、顧客の最適仕様に対応し、競争力の強化や差別化を実現している。

情報システムを加えることで、人的資産と組織資産を結び付ける機能である。詳細は昭和電機のis工房（P44）を参照。

(2) 知的資産を強化する

前述の昭和電機におけるEDI（いとはんねっと）導入がある。

昭和電機 知的資産経営報告書より

本システムは、昭和電機が受注データを元に協力会社に在庫情報と発注情報を開示するシステムである。

　参加協力会社18社からのアンケートに基づくと「協力会社さまEDI（いとはんねっと）」の効果は以下のとおりである。
　　◆昭和電機での改善成果
　　業務プロセスの改善とEDIシステム化により、
　　・作業時間を48％削減（600分/1日→315分/1日）
　　・部品在庫金額が21％削減
　　◆協力会社での改善成果
　　業務プロセスの改善とEDIの連携により、在庫金額と在庫面積、在庫数、作業時間が削減された。
　　A社：在庫面積40％削減・在庫金額44％削減・在庫数67％削減
　　B社：在庫面積29％削減・在庫金額47％削減・在庫数48％削減
　　C社：在庫金額21％削減
　　D社：自社生産システムへの入力作業時間が1/20に短縮。
　　◆在庫情報や発注情報の公開により、協力会社の生産計画が立てやすくなり、協力会社様と昭和電機納入部品在庫を20％削減できた。
　　◆協力会社で現品票と注文書をすぐに出力できるため、出荷業務が効率化された。
　　◆図面のダウンロードも可能になり、正確な図面で作業が可能になった。
　　◆生産管理システムのある協力会社はデータを取り込むことによって入力時間の大幅な短縮と入力ミスがなくなった。
　　◆情報公開による協力会社との「絆」の構築ができた。

　EDIという外部を繋げる情報システムによって、協力会社と築かれた「関係資産の強化」が図られたといえる。

（3）知的資産を変換する
　知的資産の変換で最も分かりやすい事例は、人的資産の組織資産化である。
　ベテランの持つノウハウという人的資産をデータベース化という手法を用いて、会社のノウハウという組織資産に置き換える。
　技術的な手順を含めて各技術マニュアルに記載していく。その際、紙や写真だけでなく映像を撮ることも有効な手段になる。特に高齢の技術者は口で説明するのが苦手なことが多く、作業中に横からビデオを回して記録に残すことでノウハウの蓄積が進む。
　これにより新しい部署の着任者が、データベースから写真や映像を見ることで、仕事の

要領を早く身に付けることが可能となる。テイクオフが早くなり、迅速な戦力化として大いに貢献できるようになるのだ。

ノウハウのデータベース化だけでなく、一般の手順を紙から電子化するとこで、検索や修正・加筆などが容易となり、広く共有されることから業務の流れが円滑になる。

（4）知的資産経営推進を下支えする

情報資産は様々な場面で企業活動を下支えする。

データを一元管理することで、二重入力という手間がなくなる。ルーチンワークはコンピューターが作業を行うので効率化が図られ、コスト削減にも貢献する。

会計処理においては、手作業で処理を行うのと、コンピューターで行うのとでは大きな違いがある。また、会計において必要なアウトプットがボタンクリックで見ることができ、経営判断などが迅速に行えるようになる。

会社全体で仕事のスピードが早くなることで、is工房のようにお客さまへのレスポンスアップや品質向上へと繋がる。最近では作業を自動化するRPA（ロボティック プロセス オートメーション）があり、検討するのもよい。

知的資産を分類する意義は、ひとつには「持続的成長」の視点がある。

中小企業では、一般に社長のリーダーシップや特定の人材の持つノウハウ等の人的資産の比重が大きい。人的資産は特定の人材に依存しているため、その人材が退任・退社することで事業の継続に支障をきたすリスクがある。資産を分類することで事業継続へのリスク対応が「見える化」されるのである。

そのリスクへの対応としては、人的資産を組織資産に変換させたり、あるいはそれが困難な人的資産である場合には、組織資産として対応する人的資産を作り上げる仕組みを構築するなどの方法がある。

第三項　戦国三大名の場合

知的資産経営の肝は「ストーリー」と「違い」だが、それを具体的にイメージしてもらうために、戦国三武将、主に織田信長の例を用いて解説してみたい。

戦国時代の大名の中で「天下布武」の朱印を使い、「天下統一」を公言していたのは織田信長だけである。毛利元就も上杉謙信も武田信玄も天下統一は考えていない。武士の起こりから考えても彼らの使命は「一所懸命」であり、先祖代々の土地を守り広げること、それ自体が武士のあるべき姿であった。戦国武将は自分の土地から離れられない宿命をもっ

ていたのである。

しかし、織田信長は天下統一を自らのミッションに掲げ、そのための仕組みを構築していった。

彼が天下統一を実現するために構築した仕組みを「知的資産」として捉え、どのような知的資産がどのように連鎖し合って価値創造のストーリーを生み出しているかを見ていく。

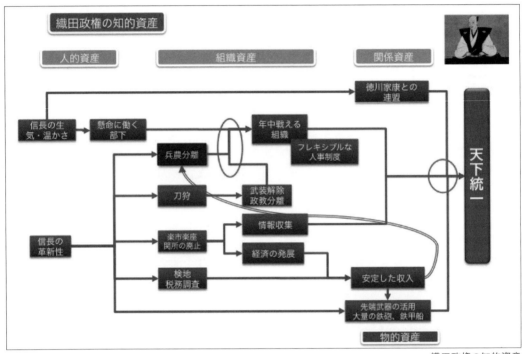

織田政権の知的資産

1．信長の「革新的、合理的な思考」（人的資産）

信長の人格については２つの着目点がある。そのひとつは「泣かぬなら殺してしまえホトトギス」という、恐怖政治をひいたといわれていることがある。しかし、昭和34年の伊勢湾台風の時に愛知の旧家の土蔵が壊れ、当時の古文書が見つかった。秀吉の妻・寧々に宛てた手紙などである。それによると、信長は部下や周りの人々を大切にした武将であることが分かった。

もし、「泣かぬなら殺してしまえ」であれば、恐怖を感じて人々は信長のあとを付いて行かなかったであろう。彼に魅力があったから、部下は信頼して付き従ったのである。

２つ目は革新性である。武田の騎馬部隊に対して鉄砲射撃で撃退することや、毛利水軍を破ったといわれる鉄甲船などがある。

これらの革新性が他の武将との違いを生み、それが天下布武の土台となった。

2. 兵農分離（組織資産）

織田政権の他の武将との違いのひとつは「兵農分離」にある。

兵農分離は、農繁期でも出兵できること、専門の兵を育成できること、戦略目標（天下統一）に向かって城下町を作り拠点を移動できることである。信長はこれらによって上洛の道を開いた。

信長の兵は土地に縛られた農民兵ではなく、戦うための専門兵士である。農繁期であってもどこへでも出陣でき、本拠地もすぐに移動できた信長は、清州から小牧、小牧から岐阜、岐阜から安土へと戦略テーマが変わるごとに次々と拠点を移していった。

他の戦国武将、武田信玄や上杉謙信たちは土地に縛られた農民が兵士なので、そう簡単には拠点の移動ができなかった。本拠地を移動できなければ天下統一も容易には進まない。他の戦国武将が兵農分離をしなかった理由は、徴用兵であれば兵士への支払いは無給で済むが、専門兵士にすれば給料を支払わなければならなくなるからである。多くの戦国武将はそのような無駄な資源は使いたくないと考えたのであろう。その上、農民を専門兵士にすれば農業をする人材がいなくなり、領地の経営すらできなくなる。当時の基幹産業である農業が立ちいかなくなれば、領国は衰退するのだ。

3. 経済政策（組織資産）

「楽市楽座」や「関所の廃止」によって商業の発展と物流を活性化させた。

戦国時代において経済の利権を握っていたのは寺社で、中世において生活に必要な油や紙の製造許認可を持っていた。

寺社はその製造特許の使用権を生産者に与え、そこから上納金（ライセンス費用）を手にし、権利を行使する生産者は「座」を作り自分たちの利権を守っていた。

利権を持っていれば、それを守るために武装しなければならない。比叡山など、当時の宗教組織が武装した理由はそこにある。今でいう市場の役割を果たした座も、多くは寺社に支配されていたのだ。

利権を守り、座を作ることは製品価格の高止まりを招く。商品流通の滞りや商品価格の高騰は、城下町を構成している信長の専門兵士の給料や生活にも影響を及ぼす。寺社の利権をはく奪しなければ天下統一に影響が出る。寺社の「武装解除」は天下統一に向けて欠かせない活動であり、信長の比叡山焼き打ちはその対応策のひとつであったといえるだろう。

一方、関所の廃止であるが、当時の関所は箱根の関所のイメージとは異なり、自分の土地を通るものは通行料として銭を払えという私設の料金所である。戦国時代ではあらゆる場所に関所があり、通行料を取っていた。そして、これも商品価格の高騰を招く一因であった。

そこで信長は、自由に作ってよい、自由に売ってよいという楽市楽座と関所の廃止を行ったのである。楽市楽座と関所の廃止はストーリーとして領内の「経済の発展」に繋がる。

この楽市楽座と関所の廃止が、他武将との違いの２つ目である。人々が集まり、様々な

情報が入手しやすくなり、他国の情報も入手できたことが天下統一の一助になったのだ。また、信長はそこからキャッシュを得て、その一部は「兵農分離」した兵の給与となった。

　商業の発展等から得たキャッシュは「物的資産」である先端武器（鉄砲や大安宅船）の導入を可能にした。しかし、物的資産はそれ自体で価値を創造しない。

　物的資産をどのように活用するかというノウハウや知恵、仕組みという人的資産や組織資産があってはじめて価値創造に繋がる。

４．連盟（関係資産）

　織田政権の違いの３つ目は、徳川家康との連盟である。

　当時の戦国大名の戦略は遠交近攻であり、隣接するもの同士の連盟は多くの場合あり得なかった。信長の天下統一のミッションは家康との「関係資産」がなければ実現できなかったであろう。

　この同盟はお互いにメリットのある関係構築だ。信長は武田信玄等がいる東方面の武将に気を遣わず西に進むことができ、家康は西方面を気にせず、今川氏真の駿河や遠江の切り取り、そして武田や北条に対峙することができる。信長にとっても家康にとっても連盟は重要な関係資産だったのである。

５．物的資産を媒介にする

　兵農分離や楽市楽座、関所の廃止、先端武器の活用は織田政権の組織資産である。そして、徳川家康との同盟は、織田政権の関係資産にあたる。

　物的資産との関わりも知的資産との関係で考えることができる。

　信長は楽市楽座の仕組み（組織資産）から富を得て、その富で大量の鉄砲を揃えることができた。

　長篠の戦で信長は、1,000丁の鉄砲の三段打ちで武田の騎馬軍団を壊滅させたといわれているが、実は三段打ちは誤りであるといわれている。むしろ接近戦で劣勢になると逃げ出してしまう傭兵の弱みを、鉄砲という武器を組織的に使うことで強みに転換している例である。「人的資産」の弱味を鉄砲という物的資産を媒介にし、仕組みである「組織資産」で補完したのだ。

　また、石山本願寺包囲の戦いでは、村上水軍の焙烙玉対策として鉄で船を囲った鉄甲船６艘を作った。その船に大筒を乗せて、村上水軍を打ち破ったのである。これにより大阪湾から運び込まれる毛利軍からの補給が途絶え、石山本願寺は降伏することになる。

　鉄甲船という物的資産を作り、楽市楽座などの組織資産や家康との関係資産の構築は、信長の「革新的、合理的な思考」という人的資産から生まれている。

　しかし、信長は明智光秀の謀反により、京都の本能寺で生涯をとじる。

　信長の成功において最も重要なことは、天下布武というミッションを高らかに宣言した

ことがあげられる。ミッションに向かって、何が必要で、何にどう取り組むべきかを、戦略と戦術に落とし込んだことである。戦略ベクトルを揃えたこと。それらをストーリーとして繋げたこと。ここが他大名にない「違い」である。

信長の革新的、合理的な思考という人的資産はいずれ消えてしまう。しかし、組織資産は残る。後継者は前任者の能力といった人的資産は承継することはできないが、組織資産を承継することはできる。

秀吉は、信長が作り上げた「組織資産」を事業承継することになる。

6. 豊臣秀吉の場合

織田政権を引き継いだのは羽柴秀吉、すなわち豊臣秀吉である。

秀吉は織田政権の組織資産を承継することはできたが、信長の人的資産と一体になった家康との関係資産は承継できなかった。

知的資産をストーリーとして描いた時に、織田政権と豊臣政権の大きな違いは家康との関係資産の有無がある。

織田政権と豊臣政権の違いは、豊臣政権には家康との関係資産の欠落以外に、石田三成の官吏派と、福島正則などの武断派との仲違いという「知的"負債"」があったのだ。豊臣政権は、欠落した関係資産と知的負債を、家康に突かれることになる。

そして、豊臣秀吉のあとの政権を握ったのは徳川家康である。

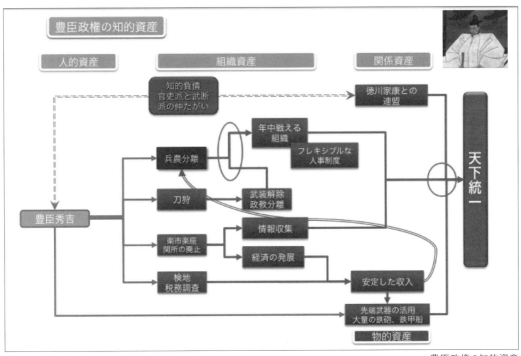

豊臣政権の知的資産

7. 徳川家康の場合

　家康が豊臣政権を倒し、名実ともに天下は統一された。天下統一を終えた家康のミッションは「徳川政権の持続的繁栄（sustainability）」に変わる。家康は、徳川政権の持続的繁栄のために人的資産、組織資産、関係資産を変えていく。

　徳川政権の持続的繁栄を実現するために家康が実施したことは、大名の配置換えや武家諸法度による関係資産の再構築であった。家康は大名を親藩、譜代、外様に分け、幕府の中枢には譜代があたり外様には参政権を与えなかった。これは足利幕府の失敗から学んだのである。また、商業の発展よりも農業を基盤にしたほうが政権の安定が図れるため、農本主義を政権の基盤とした。

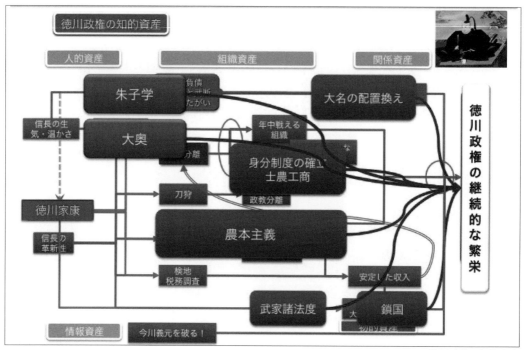

徳川政権の知的資産

　徳川政権の持続的繁栄構築の基本は「朱子学」にあった。

　朱子学は儒教の流れを汲んだ教えであり、上下関係やそれを基盤にした秩序を重んずる学問である。その朱子学を幕府の基本理念として人的資産、組織・技術資産、関係資産を構築していった。朱子学によって「身分制度の確立・士農工商」「農本主義」など秩序の基本が構築された。そしてとどめは「大奥」であり、将軍の世継の正当性が保たれるように設けられた組織・技術資産である。

　環境の変化によってミッションが変われば、内部にある知的資産やそのストーリーは変化することになる。

　現在の日本企業の課題である事業承継においても同様のことがいえる。

第四項　三井高利の場合

　三井財閥の基礎、越後屋を例に取り上げる。三井高利の知的資産経営の事例である。

1. 三井高利の沿革
　まず、三井高利が生まれてからどのような環境で育ったかを見てみよう。
　祖父の三井越後守高安は近江の守護大名・佐々木家の重臣であったが、織田信長に敗れて伊勢松阪へ落ち延びることになる。
　父・高俊の代になり、伊勢松阪で質や酒商を営み始める。高利は1622（元和8）年に8人兄弟の末っ子として誕生するが12歳で父と死別し、母・珠法に育てられる。商家の出で、商いの才覚を持つ珠法は徹底した顧客サービスを行い、店を大いに繁盛させたらしい。その一方、店の内部ではこれまた徹底した倹約を行った。
　高利はその母の元で商いを学び、14歳の時、先に江戸に出ていた兄の店を手伝うことになる。この時に持っていた資産は10両分の木綿だけであった。
　兄の店でも才覚を発揮した高利は、18歳で独立し、店を持つまでになった。しかし、たぐいまれな商才が仇となり、同じ江戸で商いをする兄から疎まれることになる。このまま高利を江戸に置いておくと強力な競合となり、自分の商いに影響が出ると判断したのであろう。
　高利は兄から高齢になった母の面倒を看るようにとの指示で松阪に戻ることになる。28歳の時である。江戸で商いの花が咲くと信じていたのに、江戸お払いはさぞ悔しかっただろうと想像できる。
　松阪を中心に商いを積極的に進めていく高利であったが、兄が亡くなり、晴れて江戸に行けるようになった。その時、52歳。現在の感覚でいえば70歳くらいと推察する。そこから高利は、従来にないビジネスモデルを展開するのである。

2. 三井高利の経営環境
　三井高利が江戸で商いを始めた当時の経営環境を整理する。
　その頃は徳川政権が安定し、戦国時代と打って変わって平和な時代になっていた。そこで大きく変化したもののひとつに航路の整備がある。インフラが整ってきたのである。航路の整備は流通圏の拡大をもたらし、経済が発展することになる。
　経済の発展は、消費生活を活発化させ、それが一般庶民にまでおよぶようになる。経営環境からみれば「機会」「チャンス」と捉えることができる。
　一方、江戸初期の商人は大名や代官から特権を得るものがあり、時代劇に登場する商人と代官の間で交わされた会話「越後屋、お主も悪よのう」「いえいえ、お代官様こそ」とい

う癒着構造も生まれていた。

　ところが大名や代官が商人から多額の借金をすることが幕府から目を付けられ、棄捐令という借金帳消しの沙汰が下ることになる。商人にとっては超逆風の事態になった。石田梅岩『斎家論』の中には、「旦那名寄せ帳を見れば、30から40年前まで京大坂にて大金持ちといわれた隠れなき町人も、往き方知れぬ者あり。また、身上衰え自炊して暮らすものあり。十軒に七・八軒はかくの如し」という言葉が見られ、危機的な状況に陥っていたことがうかがえる。これは経営環境上の「脅威」である。

3. 三井高利のビジネスモデル

　そのような経営環境の中で、高利は「顧客は庶民」であると定義した。事業において誰が顧客なのかを定義することは重要である。自分たちの貢献（強み）が最も活かせる相手が自分たちの顧客なのである。貢献ができない相手を顧客に選んではならない。

　もうひとつ明確にしておくことに「顧客提供価値」がある。お客さまにお届けしている価値である。お客さまは商品やサービスそのもので選んでいるのではない、商品やサービスから得られるよさを買っているのである。商品やサービスを受けたあと、「こうなりたい」という"明日"を求めているものがある。顧客提供価値が分かりにくければ、製品やサービスを受けたあと、顧客がどう変わったかを見るとよい。変わったことが提供価値なのである。

　高利の場合の顧客提供価値は、新たな庶民のニーズである「気楽に着物を身に付け楽しみたい」である。

　その顧客提供価値を実現するための仕組みとして、いくつかの取り組みを行った。

（1）現金掛け値なし

　まずは、明朗会計、定価販売である。

　当時の商いは、店先で店員と値段の交渉を行い価格が決まっていた。一般庶民にとって相対で価格交渉をしないと価格が決まらないのでは敷居が高い。また寿司屋の時価と同じで、値段がいくらになるかも不安になる点である。価格が最初から明示されている定価販売は安心して買えると信頼に繋がった。

　また当時は掛け売りが当たり前であり、支払は盆と年末であった。これは年貢が収められ、それが現金化される時期が決まっていたためである。取り引きが現金であることは貸し倒れのリスクを回避することになる。なお、この定価販売は世界初のビジネスモデルであるといわれている。素晴らしい組織資産である。

（2）一人一色の専門性

　販売スタイルとしては、金襴、絹、羽二重、紗綾、毛織など特定商品に専任の手代を担当に付けたことが特徴となっている。

専任体制が取れれば担当部門の商品知識が豊富になり、仕入先の厳選や品質の徹底化が図れる。また、仕入においては、現地に「買宿」を置き現地の生産状況や価格などの情報を報告させた。これにより仕入先との関係性も高まることになる。品質を担保するための仕組みである組織資産と、関係資産が強まったのだ。

（3）即座仕立て（イージーオーダー）

越後屋の店舗では、多くの細工人の分業によって顧客の好みに応じた仕立てを行った。分業体制を取ることで迅速な提供を可能にしたのである。従来は一人の細工人が店舗とお客さまの間を行ったり来たりしながら仕立てており、とても時間がかかっていた。

お客さまは頼んだ着物が早く完成することを期待している。速さは顧客にとって重要な要素となる場合が多い。

プロセスのインプットからアウトプットまでの時間が短いことが重要なのである。時間のかかるプロセスをいかに短くするかに取り組むことが顧客への価値創造に繋がっていく。そのための選択肢には情報システムの導入の他、業務の順番を変えたり端折る方法もある。後述するWHYの5段活用（P164）を用いてプロセスを見直すのもよい。

（4）反物の切り売り

越後屋では反物を必要な大きさに切って販売することを行った。当時、反物は一反ごとに売り買いを行うのが商習慣であったが、一般庶民が必要な量は少しでよい場合もある。一反も買うと余らせてしまうのだ。

顧客は一般庶民である。一反での売り買いのみとすれば、少量で良かった顧客への販売機会を失う。そこで反物を切り売りし、必要な分量で販売することで顧客のニーズに対応し販売機会の損失をカバーしたのである。顧客にとっても、定価販売と相まって手の出る価格になり、今までなら諦めていた商品を手に取ることが可能になった。

業界にドップリと浸かっていると、気づかないうちに商習慣の自縛から離れられなくなることがある。他業界からの参入で既存の業界に再編成が起きた事例は多い。業界の当たり前を疑うことも事業の発展を考える時には必要である。その場合はお客さまの行動を観察し熟知することから変化の気づきを得ることができる。（第二章　第四項　顧客のプロセスを観る・P76）また、後述するWHYの5段活用®（P164）を用いることも有効である。

三井高利の場合、自分の顧客を観察し、何を求めているのかを見つけ、そのニーズに見事に応えたのである。

（5）見切り

反物の切り売りとも関係があるが、三井高利は「ひと月動かない商品があれば、損になってもよいから見切って処分する」という方針を立てた。

売れない商品を在庫として持っていてもキャッシュは生まない。「罪庫」は、損になってもキャッシュに換えて売れる商品を仕入れたほうが事業活動に有効である。

　そして、在庫の見極めを現場の行動が取りやすい「ひと月」と明確に決めたことも重要な要素であった。期限が曖昧であれば判断も時間がかかり、現場の徹底ができず、成果に繋がりにくくなる。

　もうひとつ、見切りの効果がある。それは展示されている商品がひと月経つと一巡され、新しい商品が陳列されることである。いつまでも売れ残った商品が店前にあればどういう印象を持つか。客に回転のよくない売れない商品を扱っているお店だと評価するであろう。商品の古さは店の印象を下げ、店の価値も下げる。

　ひと月経つと新しい商品が入っているのであれば、顧客は次の訪問も期待して楽しみになる。見切りは在庫の現金化だけでなく、店頭の価値も上げる効果があったのだ。

　三井高利が越後屋で展開したビジネスモデルは、今でも通じる仕組みであり、大いに参考になる。

　晩年の高利の資産は銀4,320貫余、金換算で72,000両であるといわれている。その金額は、当時の幕府の歳入の約6％にあたる。高利一代で莫大な資産を作ったのだ。

　そこで、越後屋価値ストーリーを描くと下記のようになるだろう。

　まず、価値の流れと逆流して俯瞰すると理解しやすい。

　顧客から得ている価値は、「キャッシュフローや評判、そしてリピート」である。その価値を生み出した顧客提供価値は「オシャレを楽しみたい」という要望に応えられたからであり、顧客提供価値を生み出した重要成功要因は「細やかで似合う着物の提案」であったり、早い仕立てによる「早く楽しめる」であり、「必要な分」を「手の出る価格」で「安心して買える」ことである。

　そして、それらの重要成功要因を生み出した仕組みには「専任体制」による豊富な商品知識や、良質な着物の仕入がある。また、細工人の分業体制による迅速性や、「見切り」によるキャッシュフローや価格対応、現金掛けなしによる安心感がある。そして、これらが円滑に進む明確な方針の存在が大きい。

　これらの方針のバックボーンには三井高利の経営理念がある。

　当時は俗にいう「士・農工商」の時代であり、「農」は食べものを作るから尊く、「工」は生活に必要なものを作るので尊い。しかし「商」はモノを作らず、右のものを左にして儲けているとんでもない輩であると、侮辱と軽蔑の目で見られていた。

　そのような時代背景にあって、高利は商いの社会的責任に着眼し、人が生活に必要としているモノをお届けすることに「商」の意義を捉えていた。今でいうCSR経営なのである。

　社会の役に立ち、喜んでもらうことが「商」にとっての使命と考えていたのである。

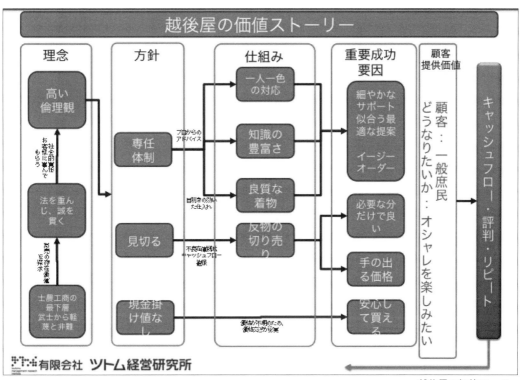

越後屋の価値ストーリー

4．三井高利の持続的成長のために

高利は高齢で江戸に下ったため、事業の承継は息子達に引き継ぐことになる。そこで、高利は死ぬまえに『宗竺遺書』を残した。

そこには三つのことが書かれている。

（1）相手の気持ちを斟酌せよ

商人は相手の気持ちになって物事を考え、行動することを伝えたものである。相手とは内部の人間だけでなく、外部の人間も当てはまり、店内のコミュニケーションを円滑に図るだけでなく、顧客にも気を配って行動することを諭している。

（2）使用人の良し悪しは、主人の心がけ次第

この遺言は、主人に向けた言葉である。社員の善し悪しは経営者の心がけ次第であり、社員を如何に成長させるかは社長が鏡（手本）となることが大切であるといっている。

確かに優秀な経営者の元には有能な社員がいる。優秀な経営者の共通項には、理念が確立していること、数字に明るいこと、社員を大切に扱っていることがあげられる。

社員の出来に不満がある場合、経営者自らの行いを見直してみる。社員を立派に育てるのも経営者の力量なのだ。

（3）主人の諌（いさ）め役、下への戒（いまし）め役たれ

　この遺言は番頭に伝えた遺言であろう。主人と使用人の間に入って中間管理職としての役目を説いている。ある意味、嫌われ役を買いなさいといっているのである。

　組織のベクトルを揃えて目標に向かわせる時には、トップだけでなく、管理層のリーダーシップも大切である。

　三井高利はこの３つの遺言を残して亡くなるのだが、高利のあとを事業承継した息子達も立派であった。

　三井が分家、分家を繰り返すと、三井の力が分散し、競合に勝てなくなる可能性がある。

　そこで息子達は、一家一本　身上一致の理念の元、大元方制度を構築した。今でいうところの持株制度のようなものであり、大元方の元、各家が事業を進める仕組みである。

　大元方制度は以下のような家訓になっている。

（1）同族の処世法や商売上の心得

　法度の厳守。同苗の和熟。商人の心得。主人の心得。親戚の子どもの使用禁止。投機事業の禁止。長崎商いの注意。紀州屋敷勤め方（見切り）。牧野屋敷勤め方。家作道具所持のこと。仏神の信心。等

（2）同族組織の規程

　総領家の地位。親分の規定。制裁規定。名跡相続。本家・連家の確定。同族の割歩。賄銀の注意。隠居料。次男並びに末子の元手銀。次男以下の他家相続。別家。嫁入仕度。児子の所分。同族子弟の教育。等

（3）大元方の規程

　大元方は一家の根元。優銀。穴藏金銀出入。相続銀。営業困難時の処置。大元方頭領役。寄合規定。勘定目録。元締め役。

　（出展：人物叢書　吉川弘文館）

　高利が進めた当初の越後屋の店舗経営の仕組みは、高利の人的資産に依っている。人的資産は当該の人材がいなくなると消滅する資産である。高利がいなくなった時、越後屋の価値は下がる。

　しかし、資産価値を下げないために、後継者は高利の人的資産を家訓に基づいたビジネスモデルという組織資産として確立させて、企業価値を下げずに新たな展開を図ることができた。

　そのストーリーが次頁のチャートである。

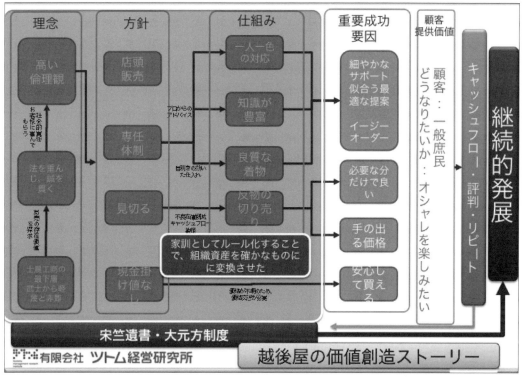

越後屋の価値創造ストーリー

第五項 たくましい会社の特長

知的資産経営を支援していく中で、多くの経営者や企業に関わらせていただいた。
その中で「たくましい会社」には、以下の7つの特長があることに気づいた。

1. 内部のコミュニケーションが活発である
2. 教える仕組みが自然にある
3. 多能化されている
4. 力になってくれる協力会社や人がいる
5. 顧客からの喜びの声が聞こえる仕組みがある
6. チャレンジャーである
7. 経営陣のミッションが明確

1. 内部のコミュニケーションが活発である

飲み会やレクリエーションが活発に行われている。仕事の場を離れ、経営者をはじめ社員がともに楽しむ場を設けることで意識の共有化が図られる。レクリエーションには家族

も含めた活動をしている場合もある。

　仕事の場では見えない人柄を知ることで、仕事の場でもコミュニケーションが図られ生産性の向上に繋がっているのである。

２．教える仕組みが自然にある

　普段からコミュニケーションが図られることで、後輩が困った時、先輩や仲間に聞く空気ができる。それが先輩から後輩、同輩同士でも教え合う風土を作り、お互いの信頼関係が築かれ、ノウハウ等が社内で共有化できて活用される。教え合う中で一層ノウハウが蓄積されるのである。ことわざにある「三人寄れば文殊の知恵」であり、また、教えることで教える側が学ぶこともできる「教学相通ず」なのである。

　教える時に効果的な方法は、教えられた側が教えてもらったことを記録に残すことである。人は書くことで記憶に残る。脳はアウトプットをすることではじめて覚えようとするのである。そして教えてもらったことを定期的に発表する場を持つことで、知識の再確認を行い、確実なものにするとさらによい。

３．多能化されている

　業務プロセスの流れをスムーズにするためには、ボトルネックをなくすことである。そのための方法にプロセスの複線化がある。

　一人の社員だけが知っている業務に対して複数の社員が関わるようにすること、あるいは行っている仕事を複数の社員が知っているようにすることで、業務の集中化を解消し、平準化することができる。社員の力量が高まって能力が多能化され、誰でも多くの仕事ができる体制になり、柔軟に仕事量や業務内容等の変化に対応できる体制ができるのである。

４．力になってくれる協力会社や人がいる

　中小企業一社では、事業を発展させるにあたって困難を伴う場合がある。そこで、協力的な企業や組織等と連携を図ることで不足している資産を補い合い、一社では不可能なことを実現するのが「関係資産の構築」である。多くの企業が事業を行う上において、外部との関係に負うところは大きい。特に中小企業では経営資源に限りがあるため、外部の資産である関係資産の関係性の深さは、事業発展のための重要な要素になる。一過性の関係ではなく、継続的に共に発展できる関係を築けるような取り組みを進めることが重要であり、普段から関係資産の強固な企業は発展している傾向にある。

５．顧客からの喜びの声が聞こえる仕組みがある

　お客さまからの「ありがとう」という声ほど、社員のモチベーションを高めるものはない。お客さまの感謝の声を社員や社内に聞かせる仕組みがある企業は、社員のやる気や改

善に取り組む姿勢が高い。

経営者から褒められることも社員のやる気スイッチを押すが、お客さまからのお褒めの言葉はさらにスイッチを強力に押す。製造現場で聞こえるお客さまの声は苦情やクレームが多い。毎日クレームを聞かされていても、モチベーションは高まらない。やはり、人は褒められることでやる気を起こし成長のきっかけになるのだ。

朝礼やアンケートなどを通じてお客さまの「ありがとう」の声を社内で共有することが大切である。

6.チャレンジャーである

できない理由を言う前に、まずチャレンジする風土があること。失敗を失敗とは捉えず、肥やしと考えチャレンジすることでノウハウが蓄積される。たとえその時に失敗しても次に活かすことができ、さらなる向上に繋がる。

顧客や経営環境は変化している。いつまでも同じことをしていたのでは、その変化に対応できなくなる。変化が見えている場合だけでなく、不透明な場合も多い。そのような時は仮説を立ててチャレンジし、結果を分析し次のチャレンジに活かすことで、環境変化に対応し、発展できる企業になる。

7.経営陣のミッションが明確

最後は何をおいても経営陣のミッションの明確さである。我々は何のために仕事をするのか、お客さまは誰か、お客さまに何を届けるべきなのか、そして我々は具体的に何をするべきなのか、活動は目標に向かっているのかを明確に、日々社員に周知している企業が成長している。

社員の力を分散させず、ベクトルを揃えることで効果の出る活動になり業績にも貢献する。会社が目指すものを明確にし、社員とともに歩む経営者のミッションの明確さが重要なのである。

まとめ

たくましい会社の特長を俯瞰してみると、その多くが流れの改善に繋がっていることが分かる。

社内のコミュニケーションの流れが円滑であること、顧客からの声が円滑に流れていること、業務の流れが円滑であること、理念の浸透（流れ）が円滑であること。全て流れが円滑であることがキーワードである。

たくましい会社は流れが円滑なのである。

BEN'sメソッド®の使い方

第四章

２００６年から取り組んできた中で、取り組みが分かりづらい、理解が難しい、不十分な結果になっているという声を聞いた。

それらを一気に解決する魔法のツール、それがBEN'sメソッド®である。

B：Business　E：Effective　N：Notebook の頭文字から成る

このワークを実施することで、自分たちが気づいて、判断ができ、意思決定に繋がる、

いわばセンスメーキングの考え方に基づいている。

外部のコンサルタントが自分の経験や知見を元に

上から目線で企業にアドバイスを与える仕方ではなく、

企業自らが自分のことに気づき、自分で将来を構築するためのものであり、

コンサルタントはその取り組みが円滑に進むように

コーディネートやファシリテーションを行う立て付けになっている。

第一項　全体図

BEN'sメソッド®

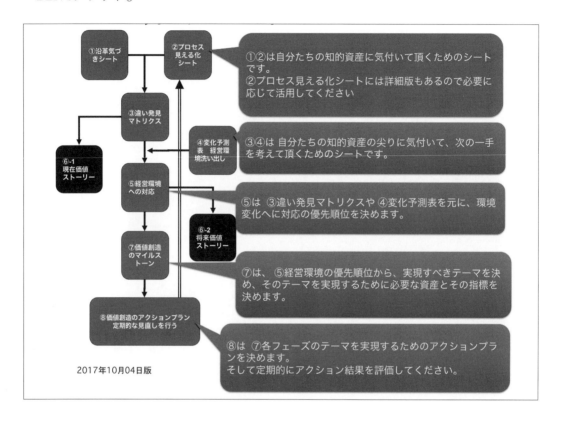

ワークシートは主に次の8枚のシートになっている。
①沿革気づきシート®
　企業沿革を洗い出し、整理する。沿革を整理することで蓄積されてきた知的資産に気づき、その意味を知ることができる。事業展開の変化点管理ともいえる。

②プロセス見える化シート®
　事業プロセスを丁寧に洗い出すと隠れていた知的資産や改善テーマなどが明確になる。顧客にお届けしている提供価値と顧客からいただいている価値も検討する。

③違い（自社らしさ）発見マトリクス®
　自社と、ライバルや世間等を比較することで、自社の違い（とがり）を発見できる。
　違い（知的資産）を活かすことは戦略として重要な要素である。

④変化予測表　経営環境洗い出し
　自社と自社を取り巻く経営環境の変化を分析し、自社の取るべき方向を検討する。

⑤経営環境への対応　優先順位評価
　戦略立案のフェーズで提議された対応を、重要度と緊急度から優先順位を決める。

⑥-1 現在価値ストーリー　⑥-2 将来価値ストーリー
　企業資産の繋がりをストーリー（矢印で繋ぐ）で俯瞰的に示す。経営全体を俯瞰することで、将来展望や多くのメリットを得ることができる。

⑦価値創造のマイルストーン
　将来の方向性を戦略として確実なものにするため、マイルストーンを決めて必要な資産を定義する。

⑧価値創造のアクションプラン
　マイルストーンで明確になったテーマが確実に実行されたかを検証し、見直しをするためのアクションプランを決定する。

第二項　ワークシートに詳細を記載する

1. 沿革気づきシート®

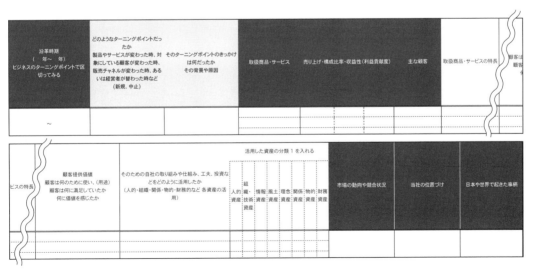

沿革気づきシート®

目的：

　このシートの目的は、沿革を整理し、現在の立ち位置を確認することである。

　沿革を知ることで自社が積み上げてきた資産やDNAは何か、また何を目指しているか、何を目指すべきかを考えるきっかけにしてもらうための分析表である。「これがあって、今がある」を知るツールなのだ。

記載・活用方法：

　ビジネスのターニングポイントには、製品やサービスが変わった時、対象にしている顧客が変わった時、販売チャネルが変わった時、あるいは経営者が替わった時等がある。

　その時にどのような対応（経営判断）を行ったかを知ることで、将来に向けた対応を検討する機会になり、それによって会社のあり方が変わり、新たな進歩（脱皮）に繋がる。

　変化のターニングポイントに気づき、その背景や原因、それらを受けてどのような製品やサービス提供が行われたか、どんな特長があったか、その特長を生み出すための経営者や社員の取り組みや仕組み、工夫、投資など、人的・組織・関係・物的・財務的など各資産の活用内容を洗い出す。そしてその時代の顧客は誰か、その顧客への提供価値は何かを考える。その資産の分類に"1"を入れることで、傾向や今後の対応に気づくきっかけになる。

　創業間がない場合は、生まれ育った環境から見直すと今の自分を知ることができる。自身の棚卸しになり、自分の何を活かして何をするべきかを考えることで、ガマの油売りの講釈にある「自分の姿に驚いて油を　たらあーり　たらーり」の状況になるのである。

　顧客提供価値を知るには、①顧客は何のために使い、買ったか⇒②何を満たしたか⇒③何に価値を感じていたか等を観察し、顧客の立場に立って考えることである。

　そして、市場の状況や競合、自社の市場での位置づけを整理・分析する。これは事業展開の変化点管理といえる。

　また、同時代に起きた関連事柄を併記すると、その時代との関わりが見えて自社の取り組みの背景が見えることもある。

　製品やサービス別の売上推移をグラフ化して見ると変遷がビジュアルに見えて的確な把握ができる。

　経営者と会話を進めながらターニングポイントにおける過去の取り組みをたずねていると、将来の方向性が見えてくる場合がある。不思議な現象である。

２．プロセス見える化シート®

目的：

　業務プロセスや事業プロセスの中に事業価値を高めている価値が隠れている可能性がある。そのようなGOOD-POINTを洗い出したり、プロセスの滞りがある箇所の改善のきっ

かけに使うことができる。

業務プロセスの中に宝がある。

（1）「工程への合格レベル（評価ポイント）」が業務品質向上、生産性向上にとって重要である。

確実なステップを踏んで次の工程に渡しているか。曖昧なまま渡していないか、次工程が楽になるように何をしているかを確認する。

各プロセスごとに実現すべきものが明確になっているか。レベルも明確にする。

（2）プロセスの評価は時間を評価指標に考える。「スピード」「迅速」が重要だ。時間の短いところに知的資産、時間がかかっているところに知的負債があるとみなす。

合格レベルなどが曖昧なものがあれば改善テーマを記載しておく。合格レベルに対して実現できていないものが、改善テーマと捉えることもできる。

（3）工程の特長「GOOD-POINT」を洗い出す。

例えば、
- 顧客に評価されている事柄
- 他社と比べて優れている事柄
- 後工程が楽になる　等

（4）その特長を生み出している秘訣や理由、根拠を考える。

「人的資産」「組織資産」「情報資産」「関係資産」「風土資産」「理念資産」それぞれに繋がりがないかを考える。その時は、「なぜ、なぜ、なぜ」「それで、それで、それで」と深めていく。腑に落ち、納得するまで「なぜ」「なぜ」を繰り返すことが重要である。

（5）指標を考える。

主な指標は、回数、頻度、人数、割合（%）、変化率、金額、数量等がある。

指標を設定することで、肌感覚を揃えることができ、曖昧さが排除できる。また、比較しやすくなり、違いや変化を知ることから検証や見直しに繋げていくことができる。

利用方法：

プロセスの区分けが分かりづらい場合があるため、最初はワークシートの下にあるプロセス例を参考にして、大きなプロセスから検討していくとよい。

大きなプロセス分析は経営レベルの評価を行うことができる。いわば事業プロセス分析になる。

プロセスの中で、GOOD-POINTがありそうなプロセス、あるいは知的負債のありそうなプロセスについて「なぜ、なぜ」と問いながら検討してみる。納得いくまで「なぜ」「なぜ」で深める。そうすると、的確なプロセス分析が可能になる。人間で例えると「血流改善」である。

プロセスの評価は時間を指標と捉えることで、企業価値を評価し高めるきっかけとする。時間は見えない重要な経営資源なので、大切にするべきものである。時間の短縮は生産性の向上やコストダウンにも繋がる。

プロセスを見る時は、工程に溜まっているものはないか、待っているものはないか、という視点も大切である。例えば、製品や商品が溜まる、書類が溜まる、仕事が溜まる、人が溜まる、商品・製品・部品を待っている、指示を待っている、情報を待っている、ということは起きていないか。溜まること、待っていることを解消すると工程が円滑になる。

そのような改善箇所があれば記載し、将来に向けた価値ストーリーを妨げる項目に優先順位を付けて改善テーマとして取り上げ、アクションプランに繋げていく。

一方、現場レベルの詳細な業務プロセス分析は、業務マニュアルとして利用することができる。

時間分析は分母を揃えて比較できるようにするので、全体ができてから検討するとよいだろう。

自分たちが顧客に何を提供しているかを定義することは、プロセスのあるべき姿も定義することになる。そのプロセスで実現すべきものは何なのかを考えて定義する。

①プロセスのお客さまは誰か定義する
②そのお客さまへ提供している価値を定義する

顧客は製品やサービスそのものを買っているのではなく、製品やサービスを受けたあとの変化に価値を感じている。お客さまが製品やサービスを得たあと、どのようになっているかを知ることは大切である。

顧客提供価値を知るための定義
①お客さまが貴社を選んでいる理由
②お客さまが「なりたい明日」は何か
③お客さまが貴社を選んだ結果、どう変わっているか

そして、それぞれのプロセスは顧客提供価値に向かってベクトルは揃っているのか。検証することが大切である。

顧客提供価値が明確になると、次は顧客からいただいているもの（フィードバック資産）は

何かを考える。顧客からいただいている価値であり、組織が持続的成長を実現するために必須の資産といえる。

例えば、キャッシュフローはもちろん、評判や信頼、信用、リピートオーダー、時に苦情・クレームもある。これらが自社の価値向上のために活用できているかを検討し、普段の活動に落とし込む必要がある。顧客から評価していただいた事項は、自社にとっての大切な栄養素であり、これがなければ事業は存続できない。

顧客提供価値の活用

顧客提供価値を知ることは、3つの面で有効である。

①競合が明確になる。

顧客提供価値を商品やサービスそのものと考えていると、その商品だけに囚われてしまう。

顧客は商品が欲しいのではなく、商品やサービスから得られる満足や期待、いわば「明日なりたい自分」を買っている。

顧客提供価値を「製品」や「サービス」と定義した場合、それだけに視点が当たるため、顧客が価値を感じている別の競合が見えなくなる可能性がある。例えば高級車販売会社にとって生活を豪華に楽しみたいという顧客に対する競合は、他社の高級車ではなく別荘かもしれない。また、栄養ドリンクを販売している会社にとっての健康志向の顧客に対する競合は、他社の栄養ドリンクではなく、フィットネスクラブかもしれない。

顧客提供価値を知ることで、自分たちが着目すべき競合を明確にすることができる。

②パートナー先が明確になり、新たな事業展開が容易になる。

競合と思える別荘提供業者やフィットネスクラブであるが、顧客に同じ価値を提供しているのであれば、パートナーシップを構築することで、ターゲット顧客にさらに高い価値を提供することができるようになる。

競合と捉えるかパートナーと捉えるかは、ビジネスモデルを考える上で重要なポイントになる。

経営資源に限りのある中小企業にとって、他社と友好的なパートナーシップを構築することは、将来に向けた戦略として重要なテーマとなる。また、関係資産と社内の資産との融合は新しいビジネスモデルを生み出し、ひとつのイノベーションのきっかけになる。

③ターゲット市場の絞り込みや選定に正確さが生まれる。

顧客提供価値がクリアになれば、どの顧客に提供すると最適性や有効性が実現できるかが明確になり、顧客は誰なのか、あるいは顧客ではない客は誰なのかも見えてくる。そして、ふさわしい顧客に経営資源（知的資産等）を有効に投下することができ、成果を速く手

に入れる可能性が高まる。

　ここで、興味深い話題がある。

　日本の空調メーカーが中国市場に懸命に販売活動を展開していた。日本メーカーは省エネや省スペースを謳い文句にして市場開拓に挑むのだが、まったく売れない。なぜか……不思議なことだった。日本の市場では省エネで小型化しないと売れないが、中国では受け入れられない。

　そこで売れている競合の製品を調べたところ、何と室外機の大きいものが売れていることが分かった。その理由を調べてまたしても驚いた。大型が売れているのは、買った人が「見栄を張りたい」ということだったのだ。「我が家はエアコンを買いました」ということを近所にアピールしたかったのである。小型では近所からは見えず、エアコンを買ったかどうかを知ってもらえない、だから大型の室外機が必要だったのだ。中国では「見栄」が重要な顧客価値なのだ。

　この「見栄」という顧客価値は、顧客自身からは発しない。状況を客観的に観察することで「見える化」ができる。通りいっぺんのヒアリングやインタビューでは見つけられないのだ。顧客が買ったあとどう変わったが、何をしているかを客観的に把握することが重要なのだ。

　同じようなことが建築の分野でもある。オシャレな自分仕様の庭を造ってもらうのだが、快適さや居心地という表向きの価値だけでなく、隠れて見えない価値もある。これも「見栄」なのである。

　近所の人や友人に「こんな庭を造ったよ。どう！」と自慢したいのである。快適さや居心地という表の価値提供だけを目指していたのでは、顧客の深層に響かないこともあるのだ。顧客価値とは見えにくいものであるが、ここで響いた顧客は貴社を手放さない。

業務プロセス	プロセス名
	担当部門・者　（●●●が、）
	具体的に行っていること 実施事項の詳細 （何を、どのように、どれぐらい、数値化、具体化する）
	このプロセスで必要な、 技能（ノウハウ）、技術、設備、関係社（者） 人的資産、組織資産、物的資産、関係資産 技能（ノウハウ）：人の頭に入っていて形や紙で示されないもの 技術：形や紙などで示すことができるもの
	次工程への合格レベルや評価ポイント 実現すべきレベルは何でしょうか ex. 次工程やその後の工程をスムーズにさせるため、あるいは お客さんに喜んでもらえるためには、どのようなレベルまで実施しておくと良いでしょうか。 （ここが曖昧になっていませんか？ ここを押さえないと、プロセスの改善、経営の強化は図れません）
	時間 （迅速さ、スピードを知り、知的資産や知的負債の存在を探る）
	このプロセスに課題はありますか？ 工程に溜まっているもの、待っているものは無いでしょうか。 製品や商品が滞る、書類が溜まる、仕事が溜まる、人が溜まるなど。 仕事を待つ、人を待つ、指示を待つなど。 溜まる事を解消すると工程が円滑になります。 そのような工程の改善箇所があれば記載してください。 改善テーマにとりくむ場合は、将来に向けたストーリーを妨げる事項を優先して取り上げます。
	どんな特長 GOOD POINT ●顧客に評価されている事柄 ●他社に真似されにくい事柄 ●他社と比べて優れている事柄 ●次の工程が楽になる　など

特長を生み出している 秘訣 理由 根拠 なぜ？ なぜ？ と深めて考えてください KPI 回数 頻度 人数 時間 割合％ 変化％	人的資産 人材 技術者 技能者 経営者　など
	組織・技術資産 仕組み マニュアル ルール 制度　など
	情報資産 情報システム 顧客情報 データベース 情報共有　など
	風土資産 風土 伝統 礼儀作法 習慣　など
	理念的資産 経営理念 ミッション 方針 ビジョン　など
	関係資産 協力会社 販売会社 チャネル ネットワーク　など
	その他 生産設備、試験装置 立地 資金、キャッシュ　など

プロセス見える化シート®

　このプロセスの見える化シート® を横方向に展開し、プロセスを縦方向に整理分析する方法も有効である。

　この方法で各プロセス間の繋がりが一層明確になることや、ISOのプロセスアプローチにも役に立てることができる。

プロセス見える化シート®　横方向

　各項目は以下の通りである。
・顧客
・各部門（社内の関連部門）
・購入先
・協力会社
　ここまではプロセスの矢印で示す。

次は、

[1] 実施者

[2] 責任者

[3] 実施事項の詳細（何を、どのように、どれぐらい　数値化具体化する）

[4] 必要とする技術や知識、ノウハウ

[5] 力量評価と必要とする教育訓練

[6] 関連帳票

[7] 必要な設備・機器類／校正の要・不要

[8] 関連する法規制

[9] 溜まっているもの　待っているもの

[10] 起こりうるリスク

[11] GOOD-POINT

[12] 次工程以降が円滑に進むためのレベル

[13] してはいけない事項

[14] 事業価値を高めるあるいはトラブルを防ぐための取り組み

である。

プロセスを一つひとつ丁寧に見ていくと、よいところや改善テーマが明確になる。

順番にポイントを解説する。

[1]「実施者」はプロセスを実施する担当者（部門）を入れる。

[2]「責任者」はそのプロセスの文字通りの責任者であり承認者である。

　もし、実施者と責任者が同じであれば、プロセスの信頼性は低くなる。さらに重要なプロセスであれば早急に責任者（プロセスオーナー）を決めて実行に移るべきである。

　[3]「実施事項の詳細」であるが、ここでは何を、どのように、どれくらいするのかを記載する。プロセスで実施する事項を書き出すのである。数値化できるものであれば数値化することで客観性を保つことができる。

　[4]「必要とする技術や知識、ノウハウ」には、このプロセスを円滑に進めるために必要な内容を記載する。ここをはっきりさせると、必要な知識等がクリアになり、新たに担う場合に何を教育訓練すればよいかが明確になって多能化が進めやすくなるのである。必要な技術等を次の [5]「力量評価と必要とする教育訓練」に記載し、教育プログラムとして取り入れると効果的で成果に繋げやすくなる。なお、現状の担当者の力量を評価し、円滑に進められているかを評価する欄である。

　[6]「関連帳票」はプロセスで使う帳票類やマニュアルなどを記載しておく。「関連帳票」を明確にすることで、プロセスを円滑にできる帳票類の見直しも可能になる。

［7］「必要な設備・機器類」ではプロセスで使用する設備や機械類を明らかにし、設備の古さや新しさも考慮に入れて検討する。また、適正に使えるように「校正の有無」も記載する。このようにすることで設備の更新や校正漏れによる不良品の発生を抑えることができる。

［8］「関連する法規制」は、このプロセスにおけるコンプライアンスを明確にするためのものである。今後、コンプライアンスの比重は大きくなる。

［9］「溜まっているもの　待っているもの」であるが、ここではいわゆるボトルネックがないかを見る。溜まっているものとしては、仕事が溜まる、商品（在庫）が溜まる、人が溜まる等がある。待っているものには、仕事がくるのを待っている、指示を待っている、人を待っている等があり、プロセスで溜まっているものや待っているものがあれば、それをなくすことで全体の効率化や生産性の向上に貢献できる。普段はあまり意識してないが、溜まっているものや待っているものは意外と多い。これらを明確にし撲滅の計画を立て実践することが、プロセス全体の効率化になり、生産性向上やコストダウンに貢献する。

［10］「起こりうるリスク」では、「実施者」から「溜まっているもの　待っているもの」までを見渡して、起こりうるリスクを考える場所である。人材面や設備面、ボトルネックを明らかにすることで、起こりうるリスクを洗い出すのである。

［11］「GOOD-POINT」では、プロセスを円滑に進めているGOODなことを記載する。誇れる場所を再確認することで、モチベーションの向上に繋がる。また、よいことは横展開することで、全社への貢献度を高めることができる。

［12］「次工程以降が円滑に進むためのレベル」の記載だが、検査などの重要なプロセス以外で通常の仕事に合格レベルを設けている場合は少ない。しかし、プロセスごとの合格レベルを明確にして実行すると、次工程以降が格段に円滑になる。いわば幸せを繋げるのである。各プロセスがそれぞれ次工程以降に最適性（幸せ）を提供することで、会社全体が幸せになれると考えるのだ。

　次工程以降が円滑になるようなレベルを明確にし、全員が取り組むことで成果の実現時間が短縮される。それは生産性の向上やコストダウンに貢献することになる。

［13］「してはいけない事項」にはこのプロセスで行ってはいけないことを記載する。リスクを引き起こす事柄や、停滞を起こす事柄、顧客に悪影響を及ぼす事柄などを取り上げ、ボトルネックに陥らないようにする。

［14］「事業価値を高める、あるいはトラブルを防ぐための取り組み」は、プロセスの［1］から［13］までを踏まえて取り組み事項を決める。ここで書かれた取り組みを目標として捉えて日々実行し、全体の生産性の向上やコストダウンに貢献する。

　プロセスを一つひとつ見直すことは時間がかかるが、ぜひチャレンジすることをお勧めする。一度、実施してみると会社や事業が「見える化」され、何が大切で何をどのように活かして将来に備えるかのヒントを得ることができる。

113

プロセスを丁寧に見直すことで強みや課題が浮き彫りになるであろう。

3. 違い発見マトリクス®

沿革気づきシート® やプロセス見える化シート® で洗い出された資産や事業（業務）プロセスなどから得た資産を、このマトリクスの上段の２つの象限にコピー＆ペーストして振り分ける。下段の２つの象限は普段の活動や外部資料などから洗い出して記載する。

上段の２つの象限に内容を入れている時に、沿革分析や事業プロセスで気づかなかった違いを見つけることがある。その時は沿革分析や事業プロセスに戻って追記し、再度沿革分析やプロセス分析を見直しする。

目的：

このシートの目的は、他社と自社の資産や活動を比較することで、現状分析→差別化→将来ビジョン構築を円滑に整理し、違いを見つけて活かす方向を洗い出すことである。

ライバルや競合との違いを洗い出し、今後の戦略立案の候補を見つけるのである。時には、競合を決めたほうが比較しやすい場合がある。競合が複数ある場合は、それぞれで検討するのがよい。

記載・活用方法：

業務プロセス分析で洗い出されたGOOD-POINTや知的資産、取り組みなどについて、自社とライバル（あるいは世間一般と）を４つの象限で比較する。

その現状把握から差別化の状態（強さ、弱さ、課題）の「見える化」ができる。この現状分析を行うことで、「違い」や「とがり」をどこで作っていくのかが明確になり、新たなビジネスモデルの構築に資することができる。

活用方法：

◆左上の象限（自社＝○、他社＝○）では

①ここでは、ともに保有あるいは実施している事項を記載する。その中でも違いがあればその差を記載し、差別化の要素をおさえておく。

②ともに保有あるいは実施している事項の利益貢献度も記載する。この事項の利益貢献度の高さを知ることで、今後、やめてもよいことや継続するものを把握できる。限られた経営資源を有効に活用するためには、成果や評価に繋がっていない事項を捨てることも重要な選択になる。

◆右上の象限（自社＝○、他社＝×）では

①ここでは、自社は保有するが他社は保有しない事項を記載する。

②その事項を資産分類し、人的資産、組織資産、関係資産などの各資産の割合を見て傾向を捉える。人的資産が多い場合、事業の継続性に不確実性があり、対策が必要と考えることができる。

利益貢献度の高さと、模倣されにくさの点数を付ける。

点数は６段階などのランク値を入れるとよい。貢献度と模倣点を掛け算して評価指標が出る。結果指標が高いものは差別化の要素となり、その違いを活かす方法やさらに高める（とがらせる）方法を考える。それらのとがりをさらに確実にするために必要な資産や資産を生み出す取り組みを実施することで、とがりがさらに確実なものになる。

指標が低いものは停止あるいは縮小する検討を行う。

経営資源に限りがある企業活動において、イノベーションを起こしたり、新しい活動に取り組むためには成果に繋がらないことを停止、縮小することも必要である。

◆左下の象限（自社＝×、他社＝○）では
①ライバルは保有しているが、自社では保有していない事項を記載する。その事項が意図したものか、保有したいができないのかを明確にする。
②他社と同じ事項は差別化の要素になりにくく、他社の模倣を行うことで自社の特性や特長を失う可能性があるので、実施しない、あるいは持たないことが必要である。
③実施した場合の利益貢献度や、実施しないことによる利益貢献度も行い今後の方向を検討する。

◆右下の象限（自社＝×、他社＝×）では
①イノベーションのきっかけともなる、ともに実施していること、あるいは実施していない事項について考える座標。いわば「そんなのありなのか！」を考える。

製品・商品・サービスを変える、やり方・作り方を変える、顧客を変える、販路を変える、販売方法を変えるなど、いろいろある。（形を変える、色を変える、大きさを変える、においを変える、手触りを変える、舌触りを変える等）
②ステークホルダーが困っていることや普段と違った依頼があったら、新しい改革のヒントになる場合がある。
③提示された事項については、取り組みやすさや利益貢献度の高さ、模倣性について評価を行い、今後の方向性を検討する。

最初から駄目と言わずに、ブレーンストーミングとして、まずはたくさん出すことが大切である。

| ③違い発見マトリクス | 洗い出された資産や業務プロセスなどの資産を、このマトリクスの上段に振り分けてください。下段は普段の活動や外部資料などから洗い出して記載してください。新たな事項が見つかれば、沿革や業務プロセスに戻って追記してください。 | | | | | | | | 年月日 |

他社（世間）（　　株式会社）

	持っている or 行っている				持っていない or 行っていない				
	自社＝ある 競合＝ある	"違い や差"はあるか どんな"違い"か	利品や業績への貢献度	工夫をすることで将来的に貢献度が上がる可能性や、貢献度を上げる必要性があれば上げる方法(工夫)を記載する	自社＝ある 競合＝なし	利品や業績への貢献度(a)	競合の社に真似されにくい(b)	指標(a)×(b)	価値や評価の高さ、競合の真似されにくについて、それらの評価の理由や背景を記載する

持っている or 行っている	8			4	12	4	3	12	
	人的資産			4	人的資産			0	
	6			3	9	3	3	9	
	組織・技術資産			3	組織・技術資産			0	
	5			4	8	2	4	8	
	情報資産			1	情報資産			0	
	3				16	4	4	16	
	関係資産			3	関係資産			0	
				2	6	3	2	6	
	風土資産				風土資産			0	
	1			1	3	3	1	3	
	理念資産				理念資産			0	
	3			3	12	3	4	12	
	物的財務資産等				物的財務資産等			0	
	お届け価値				お届け価値			0	
	頂いている価値				頂いている価値			0	

自社

	自社＝なし 競合＝ある	意見したもの＝どんな狙いか取り組みたいが取り組み始めていない▲理由も記載する	○取り組めていない値の利品貢献度▲取り組んでいる場合の利品貢献度	工夫をすることで将来的に貢献度が上がる可能性や、貢献度を上げる必要性があれば上げる方法(工夫)を記載する	自社＝なし 競合＝なし でも、取り組んだ方がよい事、「そんなのあるか」「こんなのがあると便利」「こんなに苦労している」〇〇をするのに時間が掛かっているなどからヒントを得る。(そのために、製品・商品・サービスを変える。やり方・作り方を変える。顧客を変える。用語を変える。販売方法を変える)	取り組み易しか(c)	利品や業績への貢献度(a)	競合の真似されにくい(b)	指標(c)×(a)×(b)	取り組み易さや、価値や評価の高さ、競合の真似されにくくについて、それらの評価の理由や背景を記載する
持っていない or 行っていない	人的資産								0	
	組織・技術資産								0	
	情報資産								0	
	関係資産								0	
	風土資産								0	
	理念資産								0	
	物的財務資産等								0	
	お届け価値								0	
	頂いている価値								0	

違い発見マトリクス

4. 変化予測表

目的：

　このシートでは、この先起こりうる変化や予測を考え、効果や影響を踏まえて今後の対応を検討する。

記載・活用方法：

　　各項目の該当事項を参考にして変化を予測する。

　　項目には、①顧客　②マーケット　③技術変化　④自社業界　⑤競合　⑥仕入先・協力者　⑦日本・世界　⑧その他の変化　⑨自社がある。それぞれに検討項目も記載されているので、それらを参考にする。

①顧客

年代、性別、ニーズ、地域、業種、流通チャネル、製品・サービスの利用方法　等

②マーケット

ニーズ、流行、成長分野、販売流通チャネル、製品・サービスの利用方法　等

③技術変化

ニーズ、革新、新しい製品、新しい技術、捨てられる技術　等

④自社業界

ルール、商習慣、常識、流れ　等

⑤競合

製品・サービス・価格、技術・ノウハウ、提供方法、販売促進、納期管理力、新規参入、退出　等

⑥仕入先・協力者

品質、提供方法、価格、ニーズ、社員、経営方針、事業承継　等

⑦日本・世界

政治、経済、法規制、文化、社会、対外国　等

⑧その他の変化

人口、生活関連、インフラ、自然環境

⑨自社

経営者・社員、設備・技術、組織・風土・文化

このまま進むと知的資産がどうなるかの視点で検討する。

　　大切なのは、変化がもたらす自社への効果や影響である。それらに対してどのように対応すべきかを定義する。

　　SWOT分析における「機会・脅威」の概念では考えない。対応できて事業に活かすことができれば機会であり、対応できなくて事業活動に悪影響をおよぼす事柄が脅威である。単純に枠に事柄を埋めるのではなく、変化予測表を使って予測される変化から対応を考える。

　　入力する事項は場所にこだわらず、該当しそうな箇所に入力すればよい。「現在」のところから入力すると取り組みやすい。「現在」の次に「過去」その後「将来」について検討を行うと流れが把握しやすい。

④変化予測表 経営環境洗い出し

「現在」から整理すると分かり易いです。思いついた箇所から埋めて頂くのも良いです。

事象は横方向に流れを揃えて記載すると分かりやすくなります。記入時は名詞だけでなく、主題述語まで書いてください。あとで見返した時に分かり易くなります。

会社名・事業名

検討項目 どのような	過去 （現在につながる 過去の事象）	現在	数年後の予測変化	10年程度先の予測変化 （可能な範囲で）	100年先の予測変化 （飛躍した発想を）
顧客はどう変わるか ex. 年代、性別 ニーズ 地域、業種 流通チャネル 製品・サービスの利用方法					

年月日

自社にとっての効果や影響 （数年後や10年程度を対象に） (+)プラスと(−)マイナスを考える	では、自社はどのように対応するのか	自社の知的資産を活用できるか。取り組み易いか	取り組んだ場合の業績への効果の大きさ	迅速に対応する必要があるか。時間軸の速さ	優先順位得点	どんな知的資産や物的資産を活用できるか あるいは、克服すべき障害があるか。あればどのような障害があるか
					0	
					0	
					0	
					0	

↓数段階の値を入れる

変化予測表

　「自社」については、このままの状態で進むと知的資産がどう変わるか、強みとして活かせるかの視点で考える。

　対応については、自社の知的資産を活用でき取り組みやすいか、効果や影響の大きさ、時間的に迅速な対応が必要かという視点で数値化し評価する。また、どのような知的資産や物的資産が活用できるかという視点も記載しておくとよい。

　経営環境の予測は、定期的に頻度をあげて実施することが大切である。

5．経営環境への対応　優先順位評価

目的：

　このシートでは、「違い発見マトリクス®」や「変化予測表」で示された事象を元に、自社が対象とするべき顧客を明確にし、その顧客に何を提供するのがふさわしいかを定義する。

　対象顧客が異なる場合は、顧客提供価値が違うのでそれぞれのシートを使う。顧客提供価値が重要なアンカーとなるのである。

⑤経営環境への対応　　　　　　　　　　　　　　　　　　　　　　　　　　　　　　　　年 月日

活動の優先順位評価　　　　　　　　　顧客が複数ある場合は、それぞれ別のシートを使って検討して下さい。　　　〈時間を短くする〉
　　早く喜べる、早く手に入る、早く解決できる、楽になる

顧客を定義します	
どのようなお客さんに（より具体的に）	
どんなことをしている時（どんな場面）に	
どこで（チャネル、場所）	
何を提供して	
どのようになってもらうか（どうなっているか）	

そのためにどうするか ↓

		時間軸		
		早く対応する	少し先でよい（　年頃）	かなり先で良い（　年頃）
重要度（利益貢献・影響）	大きい			
	中程度			
	小さい			

経営環境への対応 優先順位評価シート

記載・活用方法：

　どのようなお客さまに、どんな場面（いつどのような所）で、何を提供して、どうなってもらうかを定義する。

　自社の価値を活かし顧客に価値を提供し続けることが、持続的成長のために必要となる。今後の取り組みや価値創造の優先順位を決める切り口のひとつとして〈時間がかかっているものを短くする〉という視点がある。顧客が「早く喜べる」「早く手に入る」「早く解決できる」などという迅速さを視点として捉えることである。

　顧客提供価値を高め自社の継続的な発展のために、実行内容を重要度（利益貢献や影響度）軸と時間軸（緊急度）、取り組みやすさの３つを評価軸として、各マトリクスに定義することで優先順位を決定し、価値創造ストーリーに繋げていく。

6-1. 現在価値ストーリー

目的：

　このストーリーの目的は、自分たちが持っている資産が顧客価値やキャッシュフローに向かって、どのような連鎖（ストーリー）で示されるかを示し、事業価値の見える化をすることである。

記載・活用方法：
　経営理念やミッションから顧客提供価値までの資産の繋がりをストーリー（矢印で繋ぐ）で示す。
　顧客提供価値から価値の流れを逆算してストーリーに繋げる。
　最初に直接顧客提供価値を実現している事項「重要成功要因」を定義する。次にその要因を実現している「仕組み」を定義する。さらに、そのような仕組みを実現するために行っている「取り組み」、取り組みを実現している「方針」や「理念」までの定義を行う。そして、それらの繋がりや価値をKPI（指標）として定義しながら繋げていく。全体がストーリーとして繋げられると今度は順算で繋がりを検証する。
　顧客提供価値は製品やサービスそのものではなく、製品やサービスから得られる価値である。顧客はなぜその製品やサービスを選ぶかを把握することが大切なのだ。そして、その顧客提供価値がどの程度のキャッシュフローになるかも検討する。

　下記は、姫路ハウスサービスで現在価値ストーリーを描く時に実施したワークである。
　自社の資産をKJ法的に整理し、顧客価値に向かって繋げた。
　同じことを言っている事項はまとめて札を付けて、インプットとアウトプットの関係性を矢印で繋げている。順算でストーリーを描いたあとは逆算でストーリーの検証を行う。

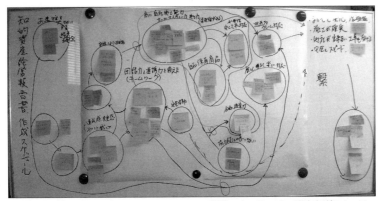

姫路ハウスサービス 現在価値ストーリー

6-2. 将来価値ストーリー

目的：
　自分たちが持っている資産が顧客価値創造や新たなキャッシュフローに対して、どのような連鎖（ストーリー）で示されるか、将来に向かう事業価値の「見える化」が目的である。

記載・活用方法：

　経営理念やミッションから将来に向かう顧客価値創造まで、資産の繋がりをストーリー（矢印で繋ぐ）で示す。

　現在価値ストーリーで示されたストーリーをたたき台にする。（新たにストーリーを描いてもよい）

　大切なポイントは将来に向かって資産が確実に繋がり、新たな顧客提供価値が実現できるかを指標を使って「見える化」することである。

　要領は現在価値ストーリーを描く方法に準拠していく。

7. 価値創造のマイルストーン

目的：

　戦略を明確にし、実現に向けてどのような資産がどれぐらい必要なのかをKPIを含めて示す。

記載・活用方法：

　事業価値向上を確実なものにするため、テーマ（どんな会社になるのか）を決める。まずは、ゴール（この場合は第3ステップ）となるテーマを決める。数年先でも、遠い将来でも構わない。

　ゴールのテーマは、今まで取り組んできたシート群を踏まえて決めることが重要である。特に、違い発見マトリクス®や変化予測表で明確にされてきた事柄をもとに検討する。

　取り組んできた事項をもとにして検討することで、マイルストーンの根拠が明確になり、軸の定まった方向性が確立できる。

　そのあと、ゴールを実現するために、手前にあるマイルストーンのテーマを考えるとゴールに向けた手順が明瞭になる。なお、現在のテーマの箇所は現状の実現出できているテーマ（顧客提供価値など）を記載することになる。

　次に、そのテーマを実現するために必要な各々の資産とその指標を定義する。知的資産等をどのように変化させるかという視点でKPIを含めて決めていく。

　資産を変化させる着眼点が重要であり、将来に向けた活動が「絵に描いた餅」にならないよう注意する。

　ステップの数にはこだわらないので、ひとつの場合や、もっと多くの場合もある。ゴールの内容でステップ数が変わる可能性もあり、ステップの枠を増減しても構わない。

　ここでも記載方法は、名詞だけでなく、主語＋述語を明確に書くことを守る。

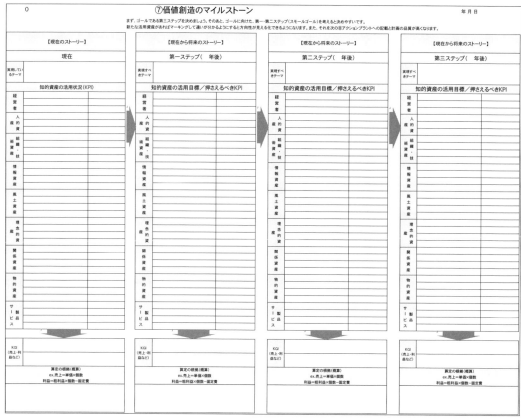

価値創造のマイルストーンシート

第三項　価値創造のアクションプラン

目的：
　役割や成果指標などを明確にし、社内の情報共有、将来目標を実現することが目的。

記載・活用方法：
　アクションプランを記載する。
　⑦価値創造のマイルストーン（P121）として記載した、各ステップを実現するための活動を検討し決定する。⑤の優先順位評価シート（P119）からも検討する。
　ねらいは、実現するために確実に実行できるアクションプランを立案することである。
　具体的に（5W2H）記載することで、アクションが明確になり、共有化が図れる。
　アクションには連鎖（価値の繋がり）が必要である。「いつまでに【→】で範囲を示す」で繋がりが分かるようにする。セルに色を付けても構わない。セルの単位を月単位、年単位

等評価しやすい期間に設定する。

　継続的に取り組む事柄がある場合でも、定期的な検証時期を決めて、検証や見直しを行うようにすることが大切である。

　先行する活動が必要な場合があるので、そのような先行活動も定義して、目標が確実に実現でき成果に繋がるようにする。

　ここでも記載は名詞だけでなく、主語＋述語を明確に書くこと。

	活動事項	背景・課題	目的・ねらい	誰が	誰に	何を	いつからいつまでに(→で範囲を示す)	どれくらい(どこまで)	検証時期(年月日)	成果指標(KGI)
第一ステップ										
第二ステップ										
第三ステップ										

価値創造のアクションプランシート

まとめ

　これまでBEN'sメソッド® の使い方を説明してきた。

　BEN'sメソッド® では、俗にいうSWOT分析やクロスSWOTを使っていない。またバランススコアカードも使っていない。

　その理由は、SWOT分析やクロスSWOT、バランススコアカードは企業の持っている資産に着目していないからである。いわば価値を評価していないのである。

　SWOT分析における強みや弱みは、あいまいな定義で考えられる場合が多く、何をもって強みとするか弱みとするかが不明確なのである。例えば「社員が若い」という場合、若いのでフットワークの軽さが強みだと捉えることもあれば、若いので経験がないという弱みになることもある。

　顧客に何を届けているのか、何を届けるべきかにアンカーを置けば、実現するための資産が明確になり強い・弱いが明確になる。外部環境においても環境変化に対して自社の資産が活用できるか否かの視点で判断すれば、機会になるか脅威になるかの判断が明瞭になる。あいまいな視点でのSWOTに基づいたクロスSWOTはさらにあいまいになる。あいまいなままのSWOTは企業の将来への道を誤る可能性があるのだ。

　また、資産に着目せず、行動で４つの視点（学習と成長、業務、顧客、財務）を繋げる。バランススコアカードも同じである。

　価値の概念がないので、単に実行するということになってしまう。実行における資産が

なく、実行能力や機能が欠落することになるのだ。

　クロスSWOTやバランススコアカードを使ってもうまくいかない場合は、資産の視点が欠けていないか確認するとよい。

第五章

「ええとこ活用経営®」（BEN'sメソッド® ミニ版）

BEN'sメソッド®を使って企業価値を洗い出し、

価値を繋げて事業展開を行っているが、

企業によっては時間が取れない場合がある。

その場合の代替ツールとしてBEN'sメソッド®の長所を残しながら開発した

「ええとこ活用経営®」を設けた。

「ええとこ」と関西の方言を使用した表現を使っているのは、

「いいところ」という表現よりも深みのある感覚を得て欲しいからである。

第一項　ええとこモデル

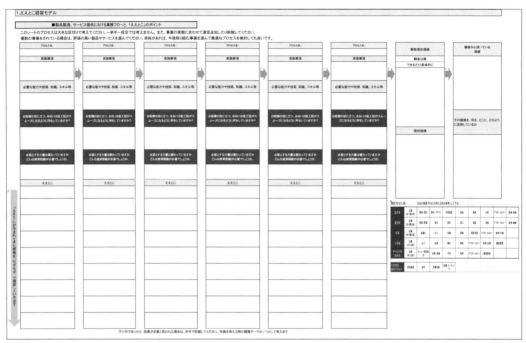

ええとこ経営モデル(1)

　最初のシートは「1．ええとこモデル」である。これはBEN'Sメソッド® の「②プロセス見える化シート®」を簡易にしたもので、基本的な考え方は同じである。
　事業や業務の実施事項を見ることで、自分達が持っている知的資産に気づくためのシートである。
　「ええとこ経営モデル(1)」では、業務フローから自社の「ええとこ」を洗い出す。
　仕事の中に、業務がスムーズに進めるポイントや、顧客にとって価値があるものを提供できる秘訣があったりする。
　それらの「ええとこ」が生まれてきた根拠や理由を、なぜ？なぜ？どうして？と考えて洗い出していく。普段なぜなぜと考えることが少ないので、洗い出しに苦労をするかもしれないが、この作業で見えにくい資産の「見える化」ができる。自社だけで困難であれば、力量のある支援者に応援を頼むのもよい。ただし、作業を丸投げしては納得のいく資産は洗い出せない。
　顧客提供価値では、どのようなお客さまなのか、そのお客さまにお届けしている価値や、お客さまからいただいている価値も明確にしておくとよい。（お客さまはより具体的にしておく）

お客さまにお届けしている価値は、お客さまがどうなりたいか、どうなっているか等から考えると明確になる。そして、提供価値が明確になると、自分たちは何をするべきかが明確になり、各仕事のあり方を検討し見直しすることができる。

　各プロセスの分析は担当者にとって必要なスキルや能力が明確になるので、教育目標や評価に使える。

　複数の事業をしている場合は、評価の高い製品やサービスを選んでもよい。余裕があれば、今後取り組む事業を選んで最適なプロセスを検討する。

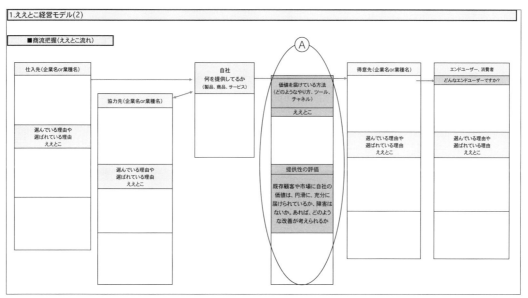

ええとこ経営モデル(2)

　仕入先や協力会社、得意先との関係性を整理する。選んでいる理由、あるいは選ばれている理由を明確化し、その関係性において「ええとこ」があれば記載する。

　仕入先や協力会社、得意先は企業名を記載してもよいし、業種で記載してもよいが、この商流分析は、外部との関係資産としての価値を定義するためなので、目的が実現できていることが大切である。目的を忘れないように整理する。

　上流では仕入先企業や、協力会社を記載する。具体的な企業名でも業種名でも構わない。下流も同じく顧客やエンドユーザーを記載する。直接エンドユーザーに関わっている場合は顧客欄は空白にしてエンドユーザー欄に内容を記載する。

　記載内容は、どのような理由で選んでいるのか、あるいは選ばれている理由を記載する。「ええとこ」があるので、選んだり選ばれたりしているのだから、その「ええとこ」を記載する。

【P127図の中の④】「価値を届けている方法」や「提供性の評価」は、いくら素晴らしい製品やサービスがあっても、顧客に届かなければ事業の発展に繋がらない、という課題を考えるための枠である。中小企業の場合、よい製品やサービスがあっても、顧客へその価値が充分届いていない場合が多い。

まず、どのようなツールや方法で、どのようなチャネルを使って顧客へ価値を提供しているかを記載する。その上で、価値の提供は充分行えているか、評価を行う。

顧客への価値提供は実現できているか、円滑に届けられているか、障害はないか。あれば、どのような改善が考えられるかを考えて記載する。

これらのシートは、経済産業省が構築したローカルベンチマークの非財務のシートの一部として取り入れていただいた。

第二項　ええとこ探シート®

「2．ええとこ探シート®」は自社の商品・製品、サービスから「ええとこ」を探すためのシートである。

まず、自社の製品やサービスから、顧客から評価されているモノを選び「あなたの会社の製品・サービス」欄に記載する。

次に、その製品サービスの特長を記載する。これは顧客から選ばれている理由などから考えるとよい。製造業の場合、品質や納期などが該当するかもしれないし、サービス業の場合は快適性やタイムリー性などが該当するかもしれない。これは企業ごとに異なると考えられる。

特長が分かると、次にその特長を生み出している秘訣や理由を考える。なぜ、その特長が生み出されているのか、「なぜならば」という視点を持つ。ひとつの根拠や理由が明確になれば、さらにその根拠・理由が実現できているそのまた根拠・理由を考える。さらに、さらにと根拠・理由を深めて考えていくのだ。「なぜだろう」「なぜだろう」と考えることで、見えざる資産の「見える化」を行うことができる。チャートでは便宜上矢印が下向きになっているが、時には斜めになったりジャンプしたり、複合的な繋がりがある場合もある。

128

「2.ええとこ探シート」注:矢印はまっすぐ進まず、斜めなどの場合もあります

あなたの会社の製品・サービス

↓

あなたの会社の製品・サービスのええとこ（特長）は何ですか
（お客様に選ばれているのは何故ですか）

↓　↓　↓　↓

その特長を生み出しているええとこ（秘訣）は何ですか？
さらにそのええとこ（秘訣）や理由は？（矢印は直線でなく複線になる場合もあります）

| なぜならば | なぜならば | なぜならば | なぜならば |

↓　なぜならば　↓　なぜならば　↓　なぜならば　↓

↓　なぜならば　↓　なぜならば　↓　なぜならば　↓

↓　なぜならば　↓　なぜならば　↓　なぜならば　↓

↓　なぜならば　↓　なぜならば　↓　なぜならば　↓

ええとこ探シート®

第三項　資産リスト

「1．ええとこモデル」や「2．ええとこ探シート®」に記載した資産を「3．資産リスト」の該当箇所に転記し、資産の具体的な内容や、どのような「ええとこ」や強みがあるかを記載する。

その資産は、他社にもあるのか、あるいは自社のみの独自性のある資産なのかを判断し該当の箇所に〇印を付ける。「違い」が企業の強みの要素であり、どれだけ顧客に評価される違いがあるかを検証するのである。

また、その資産の価値として、利益や業務効率への貢献度ならびに模倣困難性（真似されにくさ）を評価する。

「利益や業務効率への貢献度」の高さを、6：圧倒的に大きい、5：大きい、4：少し大きい、3：少し小さい、2：小さい、1：かなり小さいと評価し、「模倣困難性」は、6：絶対真似できない、5：かなり困難、4：困難、3：少し困難、2：可能性はある、1：簡単に可能　と評価する。模倣困難性には「面倒なので真似したくない」というものも含まれる。

資産全体を俯瞰することで、自社の事業性の評価や理解に繋がり次の一手を考える資産となる。そして、数値化やグラフ化することで比較がしやすくなり、成果の評価や、見直しにも「見える化」ができ活用ができる。

定性的な資産を指標数値として捉えることで、比較がしやすくなり、成果の評価も「見える化」ができる。また、時系列に評価することで、成長のトレンドも評価しやすくなる。

「3．資産リスト」によって自社が持っている資産全体を把握できるので、全体を見たマクロの資産バランス（鳥の目）や、ミクロの視点で個別の資産の価値（虫の目）を評価でき、今後の方向性を考える時の有効な検討材料になる。

資産リスト

第四項 ストーリー化

「3．資産リスト」に記載した資産を、顧客価値に向かって繋げてみる。その時は、「2．ええとこ探シート®」で行った繋がりから考えるとストーリーにしやすくなる。

顧客価値には、顧客に提供した価値と顧客から得た価値があるが、ともに明確にすることで自社の現状の「見える化」が可能になる。顧客から得た価値は企業の事業活動に活か

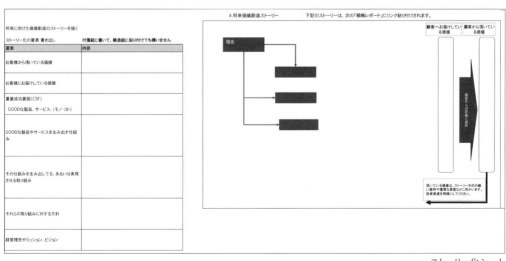

ストーリー化シート

すことで、持続的成長を実現できる。顧客から得ている価値も明確にし、社内にどのようにフィードバックできているかも検証するとよい。

第五項　変化予測表とアクションプラン

　経営環境の変化を、各事象から検討する。その上で自社にとっての影響や対応方法を立案していく。

　その上で自社にとっての効果や影響を、（＋）プラスと（－）マイナスの両面について検討し、その大きさを、大、中、小　で評価する。

　効果や影響の分析をすることで、効果や影響の大きい事象から優先して、どんなええとこ（資産）をどのように活用するのか、そして5W2H（誰が、いつからいつまで、何を、どのように、どれくらいまで）を決め、実施計画を決定する。

　実施計画は、実行を行ったあと決められた時期に評価と見直しをする。進捗を検証することで、継続的な発展に繋げることができる。

3.変化予測表 経営環境洗い出し			事象は横方向に流れを揃えて記載すると分かりやすくなります。					
							効果や影響の大きいものから優先して検討します	
検討項目 「どのような・・・」	現在	数年後の予測変化	自社にとっての効果や影響 (+)プラスと(-)マイナスの両面を検討する	大 中 小	どんなええとこ(資産)を活用して	どのように対応するのか(5W2H) (誰が、いつからいつまで、何を、どのように、どこまで)	実施状況の点検 見直しの年月日
顧客(業種) ex. 年代、性別 ニーズ 地域性、業種、流通チャネル 製品・サービスの利用方法							
マーケット ex. ニーズ、流行 成長分野 販売流通チャネル 製品・サービスの利用方法							
技術変化、新製品 ex. ニーズ、革新 新しい技術							
社会基準 ex. ルール 商習慣 常識 流れ							
競合、新規参入、退出 ex. 製品・サービス・価格 技術・ノウハウ 提供方法、販売促進 納期管理力							
仕入先・協力者 ex. 品質、提供方法、価格 ニーズ 社員、経営方針 事業承継							
日本・世界 ex. 政治、経済、法規制 文化、社会 対海外							
その他の変化 ex. 人口 生活関連、インフラ 自然環境							
自社 ex. 経営者・社員 設備・技術 組織・風土・文化 <予測は、このまま進むと資産がどうなるかの視点で検討する>							

変化予測表

132

第六項　戦略レポート

　①以上のワークを終えれば、ここまでに出てきた事項を戦略レポートにまとめていく。

　②戦略レポートのあとの箇所は、いままで取り組んできた内容を盛り込む。

　沿革では、発生した事実に対して、対応した事柄を含めるとよい。単に事実を記載するよりも事業活動の変遷が見えて、企業のことを理解してもらえることになる。

キャッチフレーズの作り方

　ここで考えるのがキャッチフレーズである。自社をひと言でいうと何なのか。会社のことを簡単に説明できるワードである。

　関係性を作る上で、企業について簡潔に説明し、キャッチしてもらうことはとても重要である。人の第一印象が後々の評価に繋がるのと同じである。

　キャッチフレーズの考え方は次のように考える。

1. 対象を明確にする

　誰向けに発信するか。発信する対象を明確にして、その対象が感じる言葉にする。

　ターゲット像は具体的に、そして明確に設定するようにする。

2. 課題解決後のイメージを持たせる

　人は、自分の悩みや課題が解決できるのかという点に関心がある。

　その商品により課題が解決されるイメージを持ってもらう。映像が浮かぶように示すことでどんな将来が生まれるのかを思い描いてもらうことである。

3. 損失の回避を訴える（プロスペクト理論）

　人は得するよりも損をすることに気持ちが働き、損を避けたいと考える。なので、あえて問題点を指摘することで、対象に「損失」をイメージさせるのだ。製品、サービスを手にしなかったら「損をしますよ」をイメージさせる。

4. 数字がもつ具体性を利用する

　キャッチコピーに数字を入れることで、具体的にイメージすることができる。具体化されると印象に残りやすくなる。

5. 便利さが伝わる表現にする

　人は手間のかかるものを避けたいと思うものなので、製品やサービスを受けるとこんなに簡単になる、ということを伝える。その時には時間の短縮を訴えるのも効果的である。

6. 使用前、使用後のギャップの大きさを伝える

　製品やサービスを得る前と後の違いを示して、そのギャップの大きさを伝える。そんなに大きく変われるのであれば、「やってみよう」と思わせることができる。

上記の方法は組み合わせて考えると一層効果的になる。

　また、数多く書き出してみるとよいものが作れる。たくさん「書いてみる」ことがポイントである。書くことで脳は真剣に考えようとするのだ。

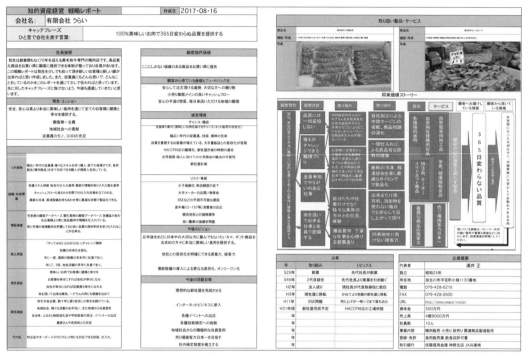

うらい 知的資産経営 戦略レポート

第七項　知的資産経営報告書の作成

　「BEN'sメソッド®」や「ええとこ活用経営®」を使って知的資産を整理し、将来に向かう価値創造プロセスが明確になれば、必要に応じて知的資産経営報告書（以下報告書）を作成することもある。

　報告書に記載する内容は、「BEN'sメソッド®」や「ええとこ活用経営®」の知的資産経営に取り組んだ目的から考えるとよい。また、内容も「BEN'sメソッド®」や「ええとこ活用経営®」の内容から引用することで整合性のある内容で容易に準備することができる。

　報告書を作成する時に最初に明確にする必要があるのは、開示対象とその目的である。これが定まっていないと内容に一貫性がなくなり、伝える力が弱くなる。何のために知的資産経営に取り組んだのかという原点を忘れないことである。

　報告書の活用で多いのは、社内活用としては、将来ビジョンの社内周知やベクトル揃えがある。事業承継として利用する場合も多く、社員教育などでも活用されている。

一方、社外活用としては、新規顧客開拓用や既存関係先との関係性強化、人事採用、金融機関向けなどがある。

社内と社外を比べた場合、社内向けの活用が多いと感じている。それは、知的資産の取り組みによって事業のあるべき姿が明確になり、をれを実現するために社内の各部門の活動内容を明確にする必要があるためである。社外に伝える前に社内で周知されていないと外部への発信力が弱くなるということもある。

報告書の開示対象や開示目的によって、通常の内容に加えて配慮する箇所が何点かある。

例えば社員に向けて事業目的や方針の周知に利用する場合、方向性やそれを実現するための各部門の知的資産の活かしかたや、役割、目標の記載が欲しい。

後継者に向けて事業の引き継ぎに利用する場合は、自社がどのように知的資産を活かしたビジネスモデルを構築しているか、その資産を明確にすること。また、自社の事業がどのような沿革を経て現在の形になったのか、経営の沿革の中で培われてきた知的資産を明確にしたい。

新規顧客開拓など営業ツールとして外部的に使用する場合は、製品やサービスを生み出している知的資産の「見える化」をすることが大切である。価値を見せていないから、目に見えて分かりやすい「価格」で戦うことになる。

就職希望者向けに作成する場合は、会社の風土、仕事の内容やミッション、人材育成方針、人材活躍の場面として先輩たちの声を記載するとよい。

	開示対象	開示目的	配慮箇所
内部	社員	将来ビジョンの社内周知やベクトル揃え	・事業の方向性 ・各部門や担当者の役割と実現すべき目標
		社員教育	・業務プロセスで必要な知的資産 ・各部門で実現すべき合格レベル
	後継者	事業承継	・引き継ぐべき知的資産 ・沿革の中で培われた知的資産
外部	新規顧客	販路開拓	・製品の特長と、それ生み出しているる知的資産を示す ・利便性を顧客提供価値という顧客視点で示す
	既存関係先	関係性強化	・関係資産として位置づけの明確化やパートナーとしての協力関係の重要性を伝える
	就職希望者	人事採用	・先輩たちの声など会社の風土を伝ええる ・仕事を通じて行っている社会へのこ貢献 ・人材育成方針
	金融機関	事業性評価	・財務の裏付けとなる知的資産 ・収益を上げているビジネスモデル(顧客や社会などのニーズ)

知的資産経営報告書 準備シート

そして金融機関には、決算書では表れない自社の強みになっている知的資産を説明し、金融機関の担当者が替わっても、継続的に事業を理解してもらうようにする。

　国が推進している事業性評価（理解）ツールにローカルベンチマークがある。ローカルベンチマークは企業がステークホルダーに事業を理解してもらうツールとしての役割があり、その非財務部分は「ええとこ活用経営®」からの引用である。金融機関に自社の事業性を理解してもらい、理解の上でコミュニケーションが取れアドバイスや支援策を取ってくれる金融機関を選ぶことも報告書を作成する目的となる。

　作成における目次構成は、知的資産経営報告書の構成サンプル例として以下の内容で報告書にまとめる場合が多い。

NO	各項目内容	メモ
1	表紙 　事業が分かりやすいように、特長を示す 　商品や店舗の写真なども良い。見て分かりづらい場合は説明を入れる	
2	代表者挨拶 　開示対象に向けたメッセージ 　報告書の目的、会社の強み、将来ビジョン等	
3	経営理念、方針	
4	事業概要 　商品案内　顧客目線の良い点も含める（メリットや特長、評価など）	
5	沿革 　会社の変化に影響を与えたターニングポイントごとに、その結果獲得した知的資産を示す 　区間の区別があれば区分名も示す （例えば、創業期・成長期・苦闘期・雌伏期・発展期など）	
6	事業（業務）プロセス 　業務の流れとプロセスでのアピールポイントや強みを記載する	
7	現在価値ストーリー 　可能であれば指標（活動指標と実現指標）を記載する	
8	各知的資産の具体的な内容を説明する 　写真やチャート、指標などを使い、客観性も含めて表現する（「資産リスト」が参考になる） 　人的資産 　組織・技術資産 　情報資産 　関係資産 　顧客提供価値 　顧客からいただいている価値等 　物的資産や財務資産がポイントになる場合はその資産も記載する	

9	外部環境分析（事業機会とリスク） 　予測される事象や変化、それらが経営や事業に与える効果や影響 （効果の度合いや影響度や時間軸も考慮する）	
10	経営課題と戦略 　9．からの繋がりから、内部環境を含めて立案する。経営戦略やビジョンや対応策、アクションプラン（9と10を一体的に表現してもよい）（クロスSWOT分析を行う場合は、数値的指標を考慮に含める）	
11	将来に向けた価値創造・ビジネスモデル 　（指標を記載する　KGI、KPI）	
12	将来価値ストーリー 　11．からの繋がりで示す。11と一体的に記載してもよい 　ストーリー図には、追加する価値を色分けする等で現在価値ストーリーに追記する形式でもよい	
13	アクションプラン（5W2H） 　誰が、何を、いつからいつまで、どの程度まで、どのようにするか 　（検証する時期も忘れずに記載し、その時期がくれば検証を行う） 　報告書とは別に、具体的な実施計画として別紙に記載し、運用してもよい	
14	財務実績・主要な財務指標 　開示対象や開示目的に合わせて、出せる範囲でもよい	
15	企業概要 　代表者、住所、電話、FAX、メールアドレス、URL、創業、設立、資本金、売り上げ等	

知的資産経営報告書 構成サンプル例

　表紙から最後の企業概要まで、各項目内容を示す。なお、メモ欄などを使って、どのような内容にするかを検討しながら進めると分かりやすい。

　なお、冊子にする時は印刷の都合で4ページ単位がよいので、4ページ単位に収まるように工夫する。

　構成は上記の通りだが、内容を検証するには次頁のチェック表を使って、記載の有無を確認するとよい。

　開示対象や開示目的に沿って、次頁のチェック表を使い記載漏れがないかを確認して、完成させていく。

評価項目		報告書で必要とされる表現	チェックポイント	記載の有無（○×）
社長あいさつ	1	社長から開示対象者に対して、知的資産を開示した思いや目的が表現できている	①報告書の作成目的	
			②開示対象へのメッセージ	
			③事業内容	
			④強み（知的資産）	
			⑤今後の方向性	
経営哲学	2	経営理念あるいは、自社のこだわりが表現できている	①理念など	
			②理念などの解説	
事業概要	3	主たる事業の内容、特長が整理され、分かりやすく表現できている	①事業（取扱い製品）の明快な全体像	
			②各事業（製品やサービス）の説明	
			③事業（製品やサービス）の顧客目線のセールスポイント	
			④市場環境（顧客や市場の声）への対応	
沿革	4	過去から現在までの事業展開の中で、知的資産に繋がる取組みが表現できている（沿革の掘り下げ）	①知的資産の蓄積に繋がる出来事	
			②事業活動のライフサイクルの区分と説明、自社の位置づけ	
知的資産	5	知的資産の特長や知的資産を高めている仕組みや取り組み、その根拠が適切に表現できている	①独自性（優位性／卓越性）	
			②顧客提供価値	
			③知的資産の分類等、資産の視点で網羅的に記載	
	6	知的資産の価値について、外部（顧客や第三者など）からの評価を表現できている	①お客様の声	
			②取引先の声	
			③マスコミの評価や公的機関などの評価	
今後の事業展開	7	経営環境の分析（リスクと機会）が幅広く、深く捉えられている	①外部環境として、マーケットや顧客のニーズ、技術、業界、競合、協力会社、政治・経済、そして自社の変化等の分析	
			②上記分析結果として自社への影響	
			③上記影響から、自社の対応策	
	8	7.経営環境の分析を踏まえ、今後のあるべき姿が定性面と定量面で表現できている	①数値目標（財務指標も含む）	
			②定性目標	
			③期限の設定	
			④環境分析の明確な裏付け	
	9	あるべき姿を実現するための課題や解決策が表現できている	①課題	
			②解決策	
			③知的資産強化の視点	
			④弱みを克服する視点	
			⑤課題の優先順位	

価値創造のストーリーの見える化	10	現在の顧客価値を産み出す知的資産の連鎖（ストーリー）が表現できている	①顧客価値との繋がりに関する記載	
			②知的資産の分類	
			③各知的資産の因果関係など	
	11	今後のビジョン達成のための知的資産の連鎖（ストーリー）が表現できている	①顧客価値との繋がり	
			②知的資産の分類の視点で網羅的に記載	
			③各知的資産の因果関係	
重要評価指標	12	結果指標が表現できている	①構成比率の視点での数字	
			②趨勢視点での数字	
			③希少性視点での数字	
	13	プロセス指標が表現できている	①取組みの指標に関すること	
			②取組み指標と結果指標の関連性	
重要評価指標	14	写真やグラフ、イラストなどが適切に配置されており、読み手の理解が進むようなビジュアル面での工夫ができている	①フォントの統一性の有無	
			②読みやすいビジュアル化の工夫の有無	
			③図表と内容の一致	
			④読み手の理解が進む用語の説明の有無	
	15	経営方針、価値創造のストーリー、および評価指標などに整合性があり、報告書全体に一貫性がある	①社長あいさつと他ページの整合性、一貫性	
			②理念等と知的資産の関連性の有無	
			③過去の事業活動と知的資産の整合性	
			④知的資産の活用と今後の事業活動の整合性の有無	

知的資産経営報告書 チェック表

140

ローカルベンチマーク

第八章

人口減少を背景に地域経済の衰退が懸念されている。地域産業を高めるためには地域の担い手である地域企業が付加価値を生み出して「稼ぐ力」を維持、高める必要がある。企業の価値を「見える化」し、価値を活かせる将来ビジョンを構築していくことが求められるのだ。

その手法や指標としてローカルベンチマークは設けられた。地域を評価する第一段階と、地域企業そのものを評価する第二段階があり、第二段階には財務の指標と非財務の指標がある。非財務の指標に知的資産経営の考え方、特に「えぇとこ活用経営®」が用いられることになった。見えざる資産である知的資産を活用して企業の「稼ぐ力」を高めるのだ。

一方、企業を支える金融機関も従来型のビジネスモデルでは立ち行かなくなっている。金融機関もローカルベンチマークを使って企業を理解し、金融支援にとどまらない企業支援と新しいビジネスモデルの構築が求められている。

ここにおいて企業と金融機関両方にとってベクトルは一致し、ローカルベンチマークはその結節点に位置づけられる。

第一項　ローカルベンチマークの背景

　2016（平成28）年3月、「ローカルベンチマーク」は経済産業省から開示された。「地域企業評価手法・評価指標検討会中間取りまとめ～ローカルベンチマークについて～」（http://www.meti.go.jp/press/2015/03/20160304003/20160304003-1.pdf）によると以下のようになる。

①日本は、2008（平成20）年から人口減少局面に入っており、地域経済の縮小が、住民の経済力の低下に繋がり、生活の様々な基盤を維持することが難しくなっている。

②地域経済（ローカル経済圏）の「稼ぐ力」を維持し、高めていくためには、その担い手となる地域企業が付加価値を生み出し、雇用を作り続けていかなければならない。2014（平成26）年4月から開催された「日本の「稼ぐ力」創出研究会」において、「産業構造や人口動態を踏まえて地域企業のビジネスモデルや生産性を比較・検討し、ローカル経済圏を担う企業に対する経営判断や経営支援等の参考となる評価指標（ローカルベンチマーク）を検討することが提案された。

③「まち・ひと・しごと創生総合戦略」[2017（平成26）年12月27日]では、産業・金融一体となった地域経済の振興を総合的に支援するための施策として、「経営改善が必要な産業・企業の見極めに資する評価手法（ローカルベンチマーク）」が位置づけられている。

④「日本再興戦略改訂2015」（平成27年6月30日）においては、「ローカル・アベノミクス」を推進する施策として、「中小企業団体、地域金融機関等による地域企業に対する経営支援等の参考となる評価指標・評価手法（ローカルベンチマーク）」の策定が盛り込まれている。

　このような背景においてローカルベンチマークは、2015（平成27）年5月から経済産業省・産業資金課が中心となり「地域企業　評価手法・評価指標検討会」で検討が行われている。

　その検討会議には、経済産業省だけでなく、内閣官房まち・ひと・しごと創生本部事務局や、金融庁をはじめ、支援機関や金融機関が参加し、国をあげた検討会であることが重要なポイントである。

　金融機関の中には自身だけの課題として捉えているところもあるようだが、ローカルベンチマークは国をあげた全体戦略に位置づけられていることを理解して

内閣府HPより

おく必要がある。

2015年からの委員会の大まかな内容は以下の通りである。

2015年：新しく事業性を評価するための指標と手法を検討する

・ローカルベンチマークのツール策定（バージョン1）

・財務面は統計的手法を用いて倒産指標から6つの指標を設定

・非財務指標は知的資産経営の考え方を用いる

・テスト運用の実施

2016年：ローカルベンチマークの周知活動

・テスト運用の結果を踏まえてバージョン2（現バージョン）を設定

・周知を進めるために必要な事項を検討

2017年：さらに周知を行うためにバージョン2の見直しと改善

・企業事例の収集と課題整理

・周知が円滑に進むように対話に役立つコツやノウハウの整理

となっている。

ローカルベンチマークの概要は、「企業の健康診断ツール」として、企業の経営者や金融機関・支援機関等が、企業の状態を把握し、双方が同じ目線で対話を行うための基本的な枠組みであり、事業性評価の「入口」として活用されることが期待されるものである。

具体的には、「財務情報」（6つの指標）と「非財務情報」（4つの視点）に関する各データを入力することで企業の経営状態を把握し、経営状態の変化の早期発見や早期の対話や支援に繋げていくものである。

財務の6つの指標は、①売上高増加率（売上持続性）、②営業利益率（収益性）、③労働生産性（生産性）、④EBITDA有利子負債倍率（健全性）、⑤営業運転資本回転期間（効率性）、⑥自己資本比率（安全性）であり、非財務の4つの視点は、①経営者への着目、②関係者への着目、③事業への着目、④内部管理体制への着目である。

金融庁からみた背景〜融資先企業の取引金融機関に対する評価

2016年に金融庁が行った「企業ヒアリング・アンケート調査の結果」によると、ヒアリングでは、メインバンクの選択理由は「貴社や事業に対する理解」が最も多く、「融資の金利」の約3倍あった。アンケート調査でも同様に「事業に対する理解」が「融資の金利」の約3倍であった。さらに、約3割の企業がメインバンクに相談したことがなく、その理由はアドバイスや情報が期待できないとなっていることである。

信頼性の項目では、ヒアリングでは約3割の企業が「全く相談したことがない」と回答して、その理由は、「アドバイスや情報が期待できない」が最も多い。

アンケート調査では、「日常的に相談している」の割合が企業ヒアリングと比べて半減す

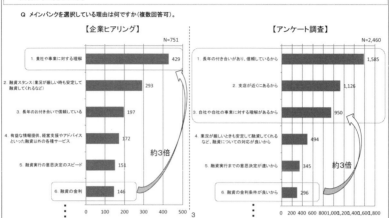

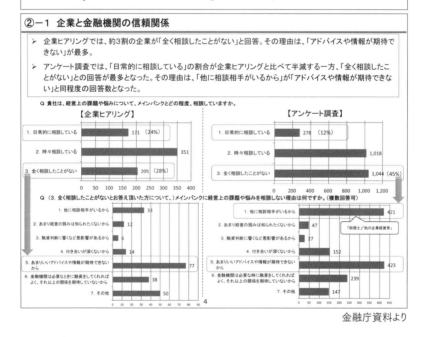

金融庁資料より

る一方、「全く相談したことがない」との回答が最多となっている。その理由は、「他に相談相手がいるから」が「アドバイスや情報が期待できない」と同程度の回答数となっていた。このようにメインバンクと企業の信頼関係が希薄になっている事実が「見える化」された。

また、2017(平成29)年の金融庁のアンケート調査においても、金融機関と企業のコミュニケーションとなる「担当者や支店長等の訪問」では、メインバンクは非メインバンクに比べ、定期的な訪問を行っている割合が高く、債務者区分が下位になるほど、取引金融機関から「あまり訪問がない」「全く訪問がない」割合が増加している傾向が見えた。

『捨てられる銀行』（講談社現代新書）において、金融庁長官・森信親は「多くの金融機関は、地域の経済の発展なくしては、発展も持続可能性もない。地域の企業、産業をよくすることで金融機関自らがよくなるという両立が重要だ。健全性は、この時点の話ではなく、将来に向けての健全性のはずだ」と述べている。

　財務の指標だけではなく、非財務の定性的な指標を設けて、事業の内容を的確に把握し、支援体制を構築・推進することがこれからの金融機関に求められている。いわば担保依存からの脱却である。

　その中で「金融排除」が課題としてあげられている。

　金融排除とは、金融機関が企業を格付けしランクの高いところへの融資はできるが、ランクの低い先はリスクがあるとして担保や保証がなければ融資を渋る（排除する）ことである。

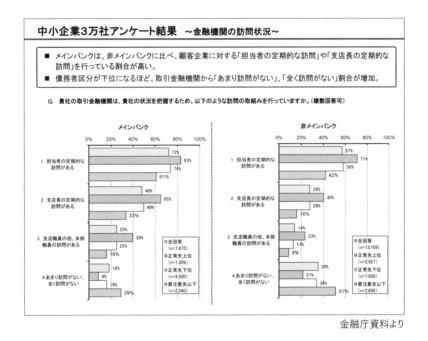

金融庁資料より

　その原因は、90年代以降不良債権処理を巡る金融不安が起こり、不良債権の処理のため健全経営を求められた金融機関が、「金融検査マニュアル」に基づいて金融庁からチェックを受けたことから始まる。

　金融機関の健全性という考えから、どうしても上のゾーン（A1～B3）のリスクが少なくていい所にお金を貸すという、つまり優良企業にお金がどんどん出ることになる。金利ダンピングという競争が起きてしまう理由がここにある。

　ところが、その少し下のB4～C2あたりは、「少しリスクがあるが、ひと手間かければよくなる」「リスク対応すれば、とてもよくなる」というゾーンにもかかわらず融資ができていない。

(参考1)「中小企業活性化」からみた「ミドルリスク先」への取り組みの重要性（「金融排除(financial exclusion)」問題）

正常先		A1	**＜現状の多くの金融機関＞** 企業の成長支援や地方創生では、正常先の上・中位層をターゲットとしている金融機関が多い。 ⇒本来、地域金融機関が自らの地元を守り抜く上で必要な資金供給先である「ミドルリスク先」（正常先下位～要注意先）については、財務問題（赤字、債務超過）を抱え、ニューマネーなし。塩漬けで計画に沿っての回収のみ。保証協会・不動産担保・経営者保証で保全を図り、銀行はリスクをとらない。正常先の上・中位層からミドルリスク層にランクダウンすると、「銀行の手のひら返し」ともいえる対応が実態。（いわゆる「金融排除(financial exclusion)」問題）
		A2	
		A3	
	ミドルリスク先	B1	
		B2	
		B3	
		B4	**＜目指すべきは＞** ミドルリスク先に手を入れる必要がある。不良在庫・過去の負債等なぜそうなったのかについて「事業性評価」を行い見極める。 ⇒「足許のキャッシュフローは出ている、あるいは、出るように業績改善計画を組むことができる」（事業継続性を確保できる）リスケ先に対して、短期継続融資（専用当座貸越の極度枠設定による短期融資）を実行すると一気に改善。営業キャッシュフローを改善させ成長軌道に乗せることができる。「過去の残債は置いておいて、成長できる事業を支援する」との発想。「自分の地域は自分で守る」という「金融機関の本気度」にかかっている。
要注意先		B5	
		C1	
		C2	
要管理先		C3	
破綻懸念先		D	計画（外科手術等）通りいくのか見極める先。M&Aor退出。
実質破綻先・破綻先		E	回収。

> 「ミドルリスク先」を「成長予備軍」とするか「不良債権予備軍」とするか？金融機関が真の「事業性評価に基づく融資や本業支援」を実践できるか否かにかかっている！

NPO法人日本動産鑑定 森会長発表資料より

　金融庁はバブル崩壊時における金融機関の健全性を確認するための「金融検査マニュアル」から脱却して、「ミドルリスク先」の事業性を評価し、ここにも資金が回るように新たに「金融仲介ベンチマーク」を策定している。いわば、本業支援の実践が金融機関に求められているのである。

　（NPO）日本動産鑑定では、動産と知的財産・資産の適正な評価を行い「動産と知的財産・資産の評価＝企業実態の把握」を通じて事業性を評価するシステムを構築している。

　金融機関が動産と知的財産・資産の評価を行うことで企業の事業性を評価し、必要な企業に必要な資金が流れるようにしていることは金融排除の課題を解決する手法である。

2. 選択ベンチマーク

項目	選択ベンチマーク
（1）地域へのコミットメント・地域企業とのリレーション	1. 全取引先数と地域の取引先数の推移、及び、地域の企業数との比較（先数単体ベース）
	2. メイン取引（融資残高1位）先数の推移、及び、全取引先数に占める割合（先数単体ベース）
	3. 法人担当者1人当たりの取引先数
	4. 取引先への平均接触頻度、面談時間
（2）事業性評価に基づく融資等、担保・保証に過度に依存しない融資	5. 事業性評価の結果やローカルベンチマークを提示して対話を行っている取引先数、及び、左記のうち、労働生産性向上のための対話を行っている取引先数
	6. 事業性評価に基づく融資を行っている与信先の融資金利と全融資金利との差
	7. 地元の中小企業与信先のうち、無担保与信先の割合、及び、無担保融資額の割合（先数単体ベース）
	8. 地元の中小企業与信先のうち、根抵当権を設定していない与信先の割合（先数単体ベース）
	9. 地元の中小企業与信先のうち、無保証のメイン取引先の割合（先数単体ベース）
	10. 中小企業向け融資のうち、信用保証協会保証付き融資額の割合、及び、100％保証付き融資額の割合
	11. 経営者保証に関するガイドラインの活用先数、及び、全与信先数に占める割合（先数単体ベース）

金融庁資料より

なお、委員会では事業性評価という用語を使っているが、評価という用語よりも「事業性理解」とすべきだと考えている。「ローカルベンチマーク」が「企業の健康診断ツール」として、企業の経営者や金融機関・支援機関等が、企業の状態を把握し、双方が同じ目線で対話を行うための基本的な枠組みであれば、評価という用語はふさわしくなく、「理解」という言葉にすべきと考えている。

第二項 ローカルベンチマークの活用方法

　ローカルベンチマークの活用方法について私の意見として、2017（平成29）年2月2日の活用委員会の第4回目の議事録を掲載する。

【ツトム経営研究所　森下委員】
　事業のプロセスを洗い出すというのは事業の「見える化」にとって重要で、各プロセスがどういう強みを生み出しているのか、それぞれ現場の方が自分自身で気づくことが大切である。プロセス分析では自分たちのよさがここにあって、それが次のプロセスにどう活かせているかというところを把握すべきである。
　強み、よいところ、伝えたいところを見つけ、その上で将来に向けた価値ストーリーを描くことが持続的発展に繋がる。ストーリーの中の資産がどういう価値を持っているのか、その価値に気づき、さらにそれを生かすことで、将来に向けた価値も高まる。
　大阪府中小企業診断協会の知的資産経営研究会で診断士や、意識ある人々を中心に支援体制を作ってきた。効果的な支援のためにはツールが必要であり、「BEN'sメソッド®」や「ええとこ活用経営®」を使って成果を上げてきている。
　事業価値の理解におけるポイントは自社を他社やライバルと比べることである。違いを作ることが重要なので、他社との違いはどこにあるのか、あるいは同じところはどこなのか、あるいは他社と比べてないものは何なのか等を把握する必要がある。そこで、他社との違いを見つけるツールも独自に作成し、企業支援に活用している。それらのツールを使うと、様々な面が深く見えてくるので活用している。
　また、ローカルベンチマークを広げるためには、支援者を育成することが必要であると考える。知的資産経営が東の方であまり広まらず、西の方で広まったのは適切な支援ができる人材がいたことが大きいのではないか。知的資産やローカルベンチマークを活用し、的確に企業支援ができる人材がいることで広めることが可能になると考えている。そういう組織を作るのがよいのではないか。組織というとオーバーだが、支援者向け研修体制とか、支援者そのものを評価するというところから入る体制が必要ではないかと思う。支援者の質も重要である。

知的資産経営に基づく支援活動を10年余り行っているが、支援後のフォローの重要性を感じている。知的資産経営に関する報告書を作成した例でも、きちんとフォローしている企業では意識を保ったまま、その後も伸びているところが多い。フォローができていないと、取り組み時は盛り上がったがその後しぼんでしまうというところがあるので、継続的なフォローをどうするかは重要である。そういう意味では金融機関が関わっていくのが一番よいのではないか。普段から企業と接していて、ローカルベンチマークを活用した活動計画を作ったあとの進捗フォローを金融機関にしてもらうのが一番よいと思っている。

　あと、経営力向上計画の話があったが、ローカルベンチマークの財務の部分はうまく反映されているが、非財務のところは計画のところに反映されにくいので、もし可能であれば、企業の負担は増えるかもしれないが、ローカルベンチマークの定性部分を添付してもらうという運用があってもいいのかなと思っている。

　セミナー等で、経営力向上計画の定性情報の記載と、ローカルベンチマークの非財務情報はどう繋がるのかということを聞かれることがあった。もう少し明確な繋がりがあった方がローカルベンチマークの活用がさらに高まると思うので、経営力向上計画に上手くローカルベンチマークの非財務のところが反映されるとよい。

　それから、ローカルベンチマークとは直接関係がない話だが、経営力向上計画の事業分野別指針に人材育成の指針がない分野があること。本来、どの事業でも人材育成が最も大事だと思うのだが、それがないのが残念である。製造業であれば、「○○資格を何名にとらせる」などの指標があってもよいと思うし、サービス業であれば、「接客をどうするのか、お客さまの評価をどう伸ばしていくのか」など、何らかの形で指針が示せると思うので、できれば事業分野別指針のところに人材育成の指針を盛り込んでいただけるとうれしい。

　定性情報の定量化については、「BEN'sメソッド®」ツールのひとつに定性情報（知的資産）の業績貢献度の高さと、模倣され難さの点数を付ける方法がある。点数は６段階等のランク値を入れる。

　業績の貢献には、利益以外にプロセスの円滑性（迅速さ）や顧客からの評価などで総合的な評価を行う。

　模倣困難性とは、実施するには困難があって他社が実施できないことや、面倒で実施しない、模倣できない、模倣が面倒という困難である。この貢献度と模倣困難性の点数を掛け算し評価指標を出す。

　この評価指標が高いものは差別化の要素となり、その違いを活かす方法やさらに高める（とがらせる）方法を考える。それらのとがりをさらに確実にするために必要な資産や資産を生み出す取り組みを実施することで、とがりはさらに確実なものになる。

　中小企業の経営資源には限りがあるので、指標が低いものは停止あるいは縮小する検討を行う。選択と集中の意思決定が容易にできるだろう。

定性情報の定量化は、上記の方法で行っている。

第三項　ローカルベンチマークは誰が活用するべきか

委員会の議論の中では、事業性評価という視点があったため、金融機関や支援機関向けの議論が多かった。また、金融機関や支援機関が企業と会話するツール（聴診器）としての位置づけであった。

いくつかの穴を埋めることで完成できるように作ってあるが、穴埋めを目的にしてはいけない。一つひとつの項目にそれぞれ意味があり、なぜこの項目になっているのかを踏まえて記載することが重要である。

ローカルベンチマークは、医師等が患者を診る時に使う聴診器の形を描いている。聴診器の「聴」は単に聞くのではなく、「積極的に意識して耳を傾ける」場合に使う。支援者の役割として的確に聴く力が求められており、そのためには聴く力を付けないといけない。

一方、今までローカルベンチマークは支援者からの視点や議論で書かれていたが、支援者側だけでなく事業者自身がベンチマークとして利用する視点も必要である。いわば、聴診器ではなく企業自身が自分で定期的に容易に測れる「ヘルスメーター」の視点も必要になると考えている。財務面は決算書などを入力すれば容易にグラフ化して一定の判断を得ることができる。しかし、非財務の定性部分には容易なツールがない。そこで「ええとこ活用経営®」を活用してもらうことを考えている。各シートを利用して企業自身が自社のことを知り、聴診器で診てもらう前に気づいてから、支援者のところに行くことが大切だ。

そのためには、２つのことが欠かせない。ひとつは事業者が容易に測れるヘルスメーターを持つことで、これは「ええとこ活用経営®」のシートを活用する。もうひとつは支援者がヘルスメーターの結果を見て、最適な治療法を選ぶ力量を備えることである。その中には聴診器を使ったり、さらに高度なツールを使うこともある。

また、財務情報と非財務情報がどのように関連づけられるかというモデルがないと、財務情報と非財務情報の関係性が見えないため、原因があいまいなまま処置をしてしまう可能性がある。

財務情報は結果であり、非財務情報と関係性があり、財務の課題は非財務情報に隠れているといえる。財務情報と非財務情報関連性モデルを構築することが、今後の使命だと考えている。

そのことで企業自身がローカルベンチマークを活用し、金融機関や支援機関に発信し、企業自身が金融機関等を選ぶ時代が来るのではないかと考えている。

第四項 ローカルベンチマークの記載方法

(1) ローカルベンチマークのポイント

　テンプレートと記載ポイントは経済産業省のサイトに掲載されているので、記載方法などの内容は省略する。ここでは、特に非財務の箇所について趣旨や活用方法について解説する。

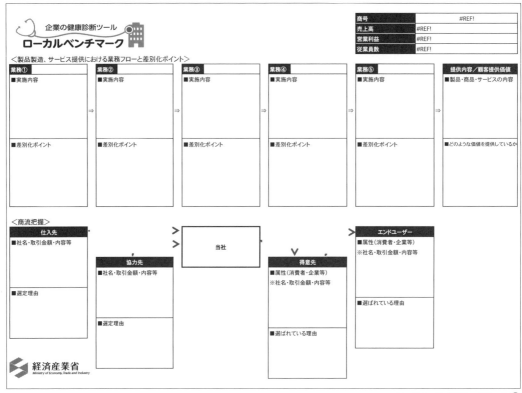

ローカルベンチマークツール①

　ローカルベンチマークは穴埋めをするツールではない。経営者と向かい合って事業の現状を把握し、支援策をともに考えるためのものである。

　バージョン1の時には、ヒアリングシートが先でそのあとに業務プロセスシートがあったが、バージョン2は順番が入れ替わっている。この入れ替わりには大きな意味がある。
　事業の理解を深めるには、業務の流れを聞くことである。業務の流れを把握することで、この企業が何を目指しているのか、どのような工夫をしているのか、どのような強みを持っているかを的確に把握できる。業務プロセスが把握できれば、次のヒアリングシートの

多くは書きやすくなる。そのために、バージョン１とは順序を入れ替えたのである。

　この業務フローは、「ええとこ活用経営®」を参考にして提示されているので、具体的な利用方法は第五章（P125）を参考にするとよい。

　また、２番目のヒアリングシートの項目やチェックリストも私が委員会で提供した資料をもとに作成されている。

企業の健康診断ツール　ローカルベンチマーク

商号	#REF!
売上高	#REF!
営業利益	#REF!
従業員数	#REF!

①経営者
- 経営理念・ビジョン／経営哲学・考え・方針等
- 経営意欲　※成長志向・現状維持など
- 後継者の有無／後継者の育成状況／承継のタイミング・関係

②事業
- 企業及び事業沿革　※ターニングポイントの把握
- 強み　技術力・販売力等
- 弱み　技術力・販売力等
- ITに関する投資、活用の状況／1時間当たり付加価値（生産性）向上に向けた取り組み

③企業を取り巻く環境・関係者
- 市場動向・規模・シェアの把握／競合他社との比較
- 顧客リピート率・新規開拓率／主な取引先企業の推移／顧客からのフィードバックの有無
- 従業員定着率／勤続年数・平均給与
- 取引金融機関数・推移／メインバンクとの関係

④内部管理体制
- 組織体制／品質管理・情報管理体制
- 事業計画・経営計画の有無／従業員との共有状況／社内会議の実施状況／研究開発・商品開発の体制／知的財産権の保有・活用状況
- 人材育成の取り組み状況／人材育成の仕組み

対話内容の総括
- 現状認識
- 将来目標
- 現状と目標のギャップ
- 課題
- 対応策

経済産業省　Ministry of Economy, Trade and Industry

ローカルベンチマークツール②

　４つの視点には把握すべきポイントがある。企業価値に大きな影響がある項目である、それは

　①経営者の先見力

　②経営者のネットワーク

　③社員の定着率

　④顧客のリピート率、紹介件数

　である。

　中小企業は経営者の人的資産である力量に負うところが大きい。その時に着目する項目として、①経営者の先見力や、情報をどこから得ているかやどのような人材や組織と関係性があるかという②経営者のネットワークに着目することである。

　③社員の定着率は企業の成熟度に関わっている。定着力が高い企業は組織・技術資産が蓄積され、それが企業価値の高さになり、たくましい企業になっている場合が多い。

④顧客のリピート率、紹介件数は上記の成果の結果指標として考えることができる。顧客から高い評価を得ている企業は顧客が手放さない強い企業といえる。
　漫然と穴埋めするのではなく、重要な視点は何かを考えてインタビューすることが支援者に求められている。

　業務プロセスに直接出てきにくい項目のひとつに企業沿革がある。沿革を聞きながらターニングポイントを重点的にたずねると、その企業の根っこが見えることがある。沿革の落とし込みについては、第四章のBEN'sメソッド®（P103）を参照するとよい。
　不思議なことに、経営者と会話を進めながら、沿革におけるターニングポイントで過去の取り組みをたずねて整理していくと、将来の方向性が見えてくる場合がある。
　先にも触れたが、沿革をたずねて当時のことをリアルに思い出すのは、多くは女性経営者である。また、過去の出来事から将来像を創造できるのも女性経営者が長けている。なぜなのかと長らく疑問であったが、『女の機嫌の直し方』（集英社インターナショナル／黒川伊保子著）という脳の性差について書かれた書籍があり、その中で、「スタートから時系列に沿ってプロセスを語る女性脳」「女性脳は、プロセスを語るその裏で『何が真実か』を探る演算を無意識のうちに行っている」と解説されている。また、女性の脳の生まれながらの特性として、過去の出来事や経験を記憶に蓄え、何か起きた場合に過去の経験から次の対応を取るのが得意であるともある。
　子育て期間の長さなど、進化の中で蓄えられた能力であるとも書かれている。女性経営者が沿革について詳細な記憶を紡ぎ出し、ターニングポイントにおかれた自分自身を映像を見るように語り、将来のあり方を語るのは興味深い。
　この人工知能研究者である黒川伊保子氏の示唆は、支援の中での疑問を解く大きな答えをいただいた。女性経営者から見えざる資産を洗い出す時は、沿革から洗い出すと的確に

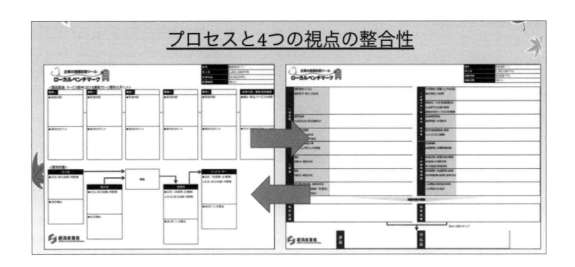

非財務データ項目　チェック・コミュニケーション　シート（例）

①ヒヤリングの漏れを確認する　②非財務項目を、価値（利益貢献度や品質、業務の迅速度）と模倣困難性（真似のされにくさ）で評価する　③気づき事項を記載する　④気づき事項から次に実施する事項を検討し記載する
⑤企業の持続的な成長に資する支援方針を立案し、実行する　⑥実行結果について評価を行い、次の支援策立案と実行に活かす

企業名		ヒヤリング実施日	年　月　日			記載者 所属・氏名			BENヒメソッド®シート

着目点	具体的な項目例	チェック項目　インタビューが一巡�した時などに、聞き漏れがないか確認する	チェック	価値（利益、品質、時間）への貢献度 a	模倣困難性（真似のされにくさ）b	評価 a×b	気づいた事項	実施事項（必要に応じて実施事項等を決める）
経営者への着目	経営者自身について	・経歴や経験から今の事業の繋がりが分かるか ・プラス思考か ・社内コミュニケーション（キャッチボール）の機会を設けているか ・外部の組織や機関との繋がりはあるか ・海外情報に関心があり、情報を入手する手段を持っているか				0		
	経営者の思い、事業の方向性、ビジョン、経営理念	・経営にかける熱意を感じるか（バイタリティを感じるか） ・事業において何を実現したいか、明確になっているか ・実現するために何が必要か、明確になっているか				0		
	後継者の有無	＜事業承継がテーマの場合＞ ・後継者は決まっているか ・後継者は引き継ぐ事業の強みや課題を把握できているか ・後継者に事業を引き継ぐ手順やスケジュール（計画書）はあるか ・後継者に経営者としての力量を高めるための取り組みをしているか				0		
	経営者の再生に対する意識、スタンス	＜再生がテーマの場合＞ ・事業不振の原因が明確に捉えられているか ・改善のきっかけや手段が考えられているか				0		
事業への着目	企業および事業の沿革	・企業の沿革において、ターニングポイントとなった事柄が聞けたか ・そのターニングポイントにおいて、どのような取り組みをされたか ・そのターニングポイントで何が生まれ、会社はどのように変わったか				0		
	商流について　製品、サービス、ビジネスモデルについて	・事業の強み（差別化のポイント）は明確になっているか ・製品やサービスの特長が明確になっているか ・対象顧客は明確になっているか ・知的財産を活かす方法が明確になっているか				0		
	技術力、販売力の強み、課題はどこにあるか	・顧客から選んでもらっている理由は把握できているか ・そのための取り組みや仕組み（人的資産、組織資産、関係資産、物的資産）が明確になっているか ・取り組みの内容やその進捗管理の仕組みがあるか、PDCAが回っているか、進捗の適宜な見直しができているか ・事業の実現においてボトルネックは明確になっているか ・ボトルネックを解消するための取り組みは計画されているか、実施されているか、実施結果を評価しているか、見直しをしているか				0		
	取引先数	・販売先は分散されているか ・販売先は増えているか（増やす方向性は規模があり明確か ・調達先からの安定した調達はできているか（タイムリーさ、品質面、コスト面、情報交換はされているか） ・調達先の評価と見直しは定期的にされているか				0		
	企画から商品化するまでのスピード　一単位あたりの生産時間	・製品企画から製品化、販売までの時間は評価の対象としているか、把握できているか ・生産時間の把握はできているか ・それらの時間の評価判定されているか ・迅速な実現に向けた取り組みはされているか（PDCAが回っているか、QC活動などの改善活動の実施） ・作業マニュアルは整備されているか、順守されているか				0		
	ITの能力　イノベーションを生み出せているか	・ICTの活用に特長的な活用がされているか ・ICTの効果を把握しているか ・情報セキュリティの対策は取れているか				0		
	事業用資産と非事業用資産の区別	＜再生に関して＞ ・売却可能な資産はあるか ・具体的な資産内容はリストアップされているか				0		
企業を取り巻く環境、関係者への着目	市場環境・シェア　競合他社との比較	・外部環境の変化（顧客、市場、競合、新規参入、技術、社会）に対する把握は実施しているか（どのようなリソースがわかるか） ・競合の動きを知っているか ・競合さ（企業規模、付加価値、収益性、成長性）を把握しているか				0		
	顧客リピート率　主力取引先企業の推移	・顧客のリピート状況は把握されているか ・顧客リピート件数や率は把握されているか ・紹介の件数は増えているか、把握しているか				0		
	従業員定着率　従業員勤続日数　従業員の平均給与	・従業員の定着率の高さの評価はされているか ・従業員のモチベーションを高める取り組みをしているか				0		
	取引金融機関数とその推移	・金融機関との関係が良好か ・経営に関する相談が気軽にできる金融機関があるか				0		
内部管理体制への着目	同族企業か否か、社外取締役の設置状況　組織体制	・役員会議は定期的な開催がされているか ・重要交換の議事運営になっているか ・議事録は作成され、定期的な見直しがされているか				0		
	経営目標の有無と共有状況	・経営理念を踏まえた経営目標が設定されているか ・経営目標を元にした部門の目標が決められているか ・目標の進捗管理できているか、目標を達成するための具体的な活動が決められているか				0		
	人事育成のやり方、システム	・業務を遂行するために必要な力量は明確になっているか ・従業員を育成し、必要な力量を持たせる仕組み（制度）があるか ・多能化されているか、一人に仕事を任せる状態になっていないか				0		
	社内会議の実施状況	・顧客の声（感謝、要望、クレーム）を社内で検討する機会があるか ・その機会は、次の改善や改革に繋がっているか ・会議は部門の情報共有と迅速な意思決定体制になっているか ・課題は早期に解決できる体制になっているか				0		
	コンプライアンス上の問題が無いか	・事業にとって必要な法規制は把握がされているか ・法規制に準拠した社内体制になっているか ・信頼性の高い弁護士との関係を持っているか				0		

支援方針

立案 年月日	支援事項（WHAT）	誰が（WHO）	いつまでに（WHEN）	どのように（HOW TO）	どれぐらいまで（HOW MANY）	承認・印 年月日

支援実施結果報告　　　　　　　　　　　　　**今後の支援課題**

年月日	結果報告	支援課題

非財務データ項目 チェック・コミュニケーションシート

事業のDNAが把握でき、また共感を得ることができる。これもひとつのノウハウである。

　また、プロセスと4つの視点はバラバラなものではなく、お互いに関連し合っている。相互に見返すことで、内容を充実させることになる。

　業務プロセスや沿革等から事業内容を聞き出し、課題が見つかれば、その課題を解決するための行動計画を作り、円滑に進めるための支援実行を行わねばならない。
　ヒアリングが充分にできたかの確認チェック、気づいた課題、課題から優先的に取り組むテーマを明らかにして実行していく。また、その実行の結果を評価し次の対応、見直しを行う。
　前頁はそのためのシート「非財務データ項目　チェック・コミュニケーションシート」である。
　繰り返すが、ヒアリングシートは穴埋めが目的ではない。事業を深く知るためのツールである。そのため、機械的に上から順に聞くのではなく、プロセスなどから気になった箇所からたずねるのがよい。その方が企業の実態がさらに明らかになる。

　聞き漏れをチェックする
　業務プロセスやヒアリングシートで聞けた内容に漏れはないかを確認することも大切であり、以下のような事項を確認する。

1. 経営者への着目点
○経営者自身について
・経歴や経験から今の事業の繋がりが分かるか
・プラス思考か
・社内コミュニケーション（キャッチボール）の機会を設けているか
・外部の組織や機関との繋がりはあるか
・海外情報に関心があり、情報を入手する手段を持っているか
○経営者の思い、事業の方向性、ビジョン、経営理念について
・経営にかける熱意を感じるか（バイタリティを感じるか）
・事業において何を実現したいか、明確になっているか
・実現するために何が必要か、明確になっているか
○事業承継がテーマの場合
・後継者は決まっているか
・後継者は引き継ぐ事業の強みや課題を把握できているか
・後継者に事業を引き継ぐ手順やスケジュール（計画書）はあるか

・後継者に経営者としての力量を高めるための取り組みをしているか

○再生がテーマの場合（経営者の再生に対する意識やスタンスとして）

・事業不振の原因が明確に捉えられているか

・改善のきっかけや手順が考えられているか

２．事業への着目点

○企業および事業の沿革

・企業の沿革において、ターニングポイントとなった事柄が聞けたか

・そのターニングポイントにおいて、どのような取り組みをされたか

・そのターニングポイントで何が生まれ、会社はどのように変化したか

○商流、製品、サービス、ビジネスモデルについて

・事業の強み（差別化のポイント）は明確になっているか

・製品やサービスの特長が明確になっているか

・対象顧客は明確になっているか

・知的財産を活かす方法が明確になっているか

○技術力、販売力の強み、課題はどこにあるか

・顧客から選んでもらっている理由は把握できているか

・そのための取り組みや仕組み（人的資産、組織資産、関係資産、物的資産）が明確になっているか

・取り組みの内容やその進捗管理の仕組みがあるか、PDCAが回っているか、進捗の適宜な見直しができているか

・事業の実現においてボトルネックは明確になっているか

・ボトルネックを解消するための取り組みは計画されているか、実施されているか、実施結果を評価しているか、見直しをしているか

○取引先数について

・販売先は分散されているか

・販売先は増えているか（増やす方向性は根拠があり明確か）

・調達先からの安定した調達はできているか（タイムリーさ、品質面、コスト面、情報交換はされているか）

・調達先の評価と見直しは定期的にされているか

○企画から商品化するまでのスピード（一単位あたりの生産時間）

・製品企画から製品化、販売までの時間は評価の対象としているか、把握できているか

・生産時間の把握はできているか

・それらの時間の評価判定はされているか

・迅速な実現に向けた取り組みはされているか（PDCAが速く回っているか、QC活動などの

改善活動の実施）
- 作業マニュアルは整備されているか、順守されているか

○ICTの能力
- ICTの活用に特長的な活用がされているか
- ICTの効果を把握しているか
- 情報セキュリティの対策は取れているか

○再生に関して
- 事業用資産と非事業用資産の区別
- 売却可能な資産はあるか
- 具体的な資産内容はリストアップされているか

3. 企業を取り巻く環境、関係者への着目点

○市場規模・シェア、競合他社との比較
- 外部環境の変化（顧客、市場、競合、新規参入、技術、社会）に対する把握は実施しているか（どのようなリソースからか）
- 競合の動きを知っているか
- 競合との違い（人的資産、組織資産、情報資産、関係資産、顧客提供価値等）を把握しているか

○顧客リピート率、主力取引先企業の推移
- 顧客のリピート状況は把握されているか（なぜリピートされているか）
- 顧客リピート件数や率は把握されているか
- 紹介の件数は増えているか、把握しているか

○社員定着率
- 社員の定着率の高さの評価はされているか
- 社員のモチベーションを高める取り組みをしているか

○取引金融機関数とその推移
- 金融機関との関係が良好か
- 経営に関する相談が気楽にできる金融機関があるか

4. 内部管理体制への着目点

○同族企業か否か、社外取締役の設置状況
- 役員会議は定期的な開催がされているか
- 意見交換の議事運営になっているか
- 議事録は作成され、定期的な見直しがされているか

○経営目標の有無と共有状況

・経営理念を踏まえた経営目標が設定されているか

・経営目標を元にした部門の目標が決められているか

・目標の進捗管理はできているか、目標を達成するための具体的な活動が決められているか

○人事育成のやり方、システム

・業務を遂行するために必要な力量は明確になっているか

・社員を育成し、必要な力量を持たせる仕組み（制度）があるか

・多能化されているか、一人に仕事を任せる状態になっていないか

○社内会議の実施状況

・顧客の声（感謝、苦情、クレーム）を社内で検討する機会があるか

・その機会は、次の改善や改革に繋がっているか

・会議は部門間の情報共有と迅速な意思決定体制になっているか

・課題は早期に解決できる体制になっているか

○コンプライアンス上の問題がないか

・事業にとって必要な法規制は把握できているか

・法規制に準拠した社内体制になっているか

・信頼性の高い弁護士との関係を持っているか

　これらの事項を聞き取れたか、把握できたかをチェックするとよい。

　これらのチェックリストのヒアリング結果について、各項目の価値を評価することも大切であり、「価値（利益、品質、時間への貢献度）」と「模倣困難性（真似のされにくさ）」を掛け算して評価点数を決める。

　定性情報を定量化するひとつの方法であり、数値化を行うことで評価と次の方向性を検討する際の参考になる。

　点数などから各項目について「気づいた事項」を記載する。それを受けて必要に応じて次の実施事項を決め記録しておく。

　全体のリストアップや評価が終わると、それらを踏まえて「支援方針」を決定し、下段の表に記載する。支援方針では、「誰が（WHO）」「いつまでに（WHEN）」「どのように（HOW to）」「どれぐらいまで（HOW many）」を明確にさせ、承認印と年月日を記録する。承認印を押すことで実行に対するコミットメントとなる。

　中小企業は経営資源に限りがあるので、欲張った活動計画を立てても「二兎を追う者は一兎をも得ず」になりかねない。３項目程度にしておくのがよいであろう。

　「いつまでに（WHEN）」という期限を設けているので、当該時期が来れば進捗結果を確認する。結果を評価して、順調であればさらに推進させる手順などを計画し、芳しくなけ

れば改善課題計画を立案することになる。

　それらの計画を実行し、評価し、次の計画を立てる、というスパイラルに伸びるサイクルを描くことである。

　この「非財務データ項目　チェック・コミュニケーションシート」を定期的に見直し、現状チェックから、気づきを得て、実施計画の立案、実行、見直し……と進めるのである。

　定性面の定量化を行うことで定性情報が定量化され、チェック、気づき、計画、実行というサイクルを描くのである。それが事業の価値を高め、持続的成長に繋がる。

　ローカルベンチマークの元になった「ええとこ活用経営®」の「ええとこ活用モデルモデルシート」を活用する方法もある。

　「ええとこ活用モデルモデルシート」でプロセスを分析するメリットは下記の7つである。
①仕事の「見える化」になる：顧客提供価値に向かう大きな流れが見えることで、各プロセスでするべきことが明確になる
②業務マニュアルになる：具体的な手順を記載することで作業マニュアルとして利用できる
③必要な技術や力量などが明確になる：円滑な作業や顧客提供価値を実現するための技術や力量の「見える化」ができる
④教育テーマが明確になる：円滑な次工程や顧客提供価値を実現するために必要な力量が明確になることで、教育テーマが明確になる
⑤納得性の高い人事評価ができる：力量が明確になり、評価に利用することで、納得性の高い人事評価ができる
⑥各プロセスの品質向上で企業価値が上がる：各プロセスのベクトルが顧客提供価値へ向かって揃うことにより品質が向上し、企業価値が上がる
⑦効率化によって生産性が向上する：プロセス全体が円滑に進むことで効率化が図られて生産性が向上する

　また商流では、選ばれている理由と、選んでいる理由の両方を「見える化」する必要がある。

　仕入先や協力先を選んでいると考えがちだが仕入先、得意先やエンドユーザーから選ばれている理由を検討することで、自社の価値に気づく。

　また、得意先やエンドユーザーも選ばれているという視点だけでなく、「選んでいる」という視点も考慮すべきである。

　その選定基準は、自社の提供価値が生かせる得意先やエンドユーザーであるかどうかである。提供価値にマッチした得意先やエンドユーザーを選ぶことでお互いに価値ある関係性を構築でき、お互いの持続的な成長に繋がるのだ。

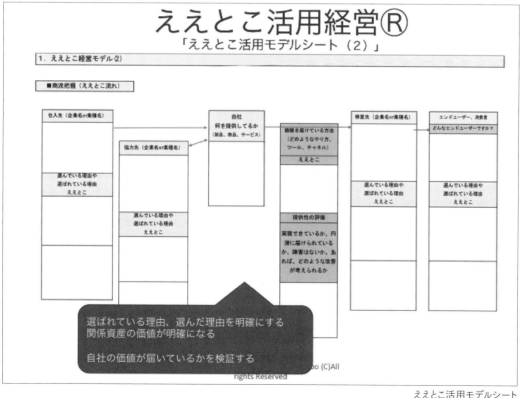

ええとこ活用モデルシート

第七章　本質を見抜く目はコミュニケーション能力である

形式やフォーマットがあっても、そのままでは情報は充分に洗い出されない。

資産を的確に洗い出すにはヒアリングのポイントがある。

質問のねらいは、会話やコミュニケーションに参加してもらい、

ともに考えてもらうように促すことである。

■ 本質を見抜くために

以下、いくつかのポイントについて述べる。

まずは自分が話すのではなく、相手に話してもらい、正確に聞くことが大切である。

1. 視線を合わせ相づちを打つこと

相手を凝視する必要はないが、視線を合わせて「ええ」「そう」「それで」「それから」「はい」などと相づちを打ちながら笑顔で答えることが基本である。

前出『女の機嫌の直し方』では、「あいうえお」の感嘆詞を付けるアドバイスをしている。

経営者と会話する時は、「あ〜、そうなるんですね」「いいですね、そのやり方」「うんうん、そうなんですね」「え、それはすごい！？」「お〜、そこまで」等と使うのである。

2. オウム返し

相手の言葉、特に最後の言葉をそのまま返す。すると会話がピンポンになるきっかけができる。例えば、

社長「うちは精度の高さが売りなんだ」

自分「精度の高さが売りなんですね」

社長は相手が聞いてくれている確証を得ることができ、会話に弾みができる。そしてさらに語ろうという意欲が生まれ、奥深い話をしてくれることになる。

シンプルな方法だが、話題の弾むテクニックとして身に付けるとヒアリングの現場だけでなく、ビジネス全体で役に立つ。

3. サマリー返し

相手がいくらか話をしたところで一度内容をまとめて整理し、ストーリー的に返す。

「ということは、社長が社員教育を積極的に進めていることで社員の技術力が上がり、それで製品の精度が高くなって、メーカーさんから選ばれているのですね」

このサマリー返しは少し高度なテクニックであるが、固有名詞を入れることがコツである。ここでは「社長が」にあたる。主体が明確になり、社長自身が鏡を見た時のように自分を知ることになる。そのことが新たな気づきとなり、社長自身が自分の深層を知るきっかけとなる。

これらを行う時の注意点は、「隠れた応答時間」を持つことである。応答を始める前に数秒待ち、相手に考える時間を与えることで熟した答えを得ることができるのだ。

質問における注意点として心がける点は「質問は短いほうがよい」ということだ。また、一度に２つ、３つと重ねた質問をすると相手が混乱し、正確な回答をもらえない。質問は端的にひとつにするのがポイントである。質問事項がたくさんある場合は、次の話題に繋がりそうなテーマから質問するとよい。回答から新たな疑問が湧き、質問したいことが出たら一旦その時はメモを取っておいて、ヒアリングの最終場面などで確認するようにする。

　また、簡単に「なるほど」と発言しないよう気を付ける。分かったと思っても（知っていても）、確認の意味でたずねてみることも大切である。経営者が言っていることとこちらが思っていることが異なっている場合や、思い違いがあるかも知れない。正しく共有化するにはあいまいにせず、きちんと確認することが大切である。また、軽く「なるほど」と答えると、相手は「こんな苦労をしたことが、そんなに簡単に分かるのか」という反発を覚えることがある。気楽な話であればそれでもよいが、苦労があって社長自身がかなり悩んだような事柄には「そうなんですね。ご苦労されたのですね」と丁寧に答え、ねぎらう気持ちを欠かさないことである。

　ここで有効な質問方法として筆者が使っている手法「WHYの５段活用®」を紹介する。

　この方法はWHYを軸に、残りの4W2Hを掛け合わせる方法である。また、各4W2Hについて、「具体的には」「理由は」「どんなよいこと」「でなければ」「代わりは」という５段活用で確認するのである。

　「具体的には」では、どのような内容なのかを具体的にたずねる。

　「理由は」では、なぜそのようになっているか理由を確認する。

　「どんなよいこと」では、その具体的な内容や理由から、どんなよいことがあるかをたずねる。よいこと＝メリットを改めて考えてもらい、強みや知的資産の存在を改めて知ることができる。

　「でなければ」では、もし上記の内容でなければ、どのようなことがあるかを考えてもらう。これは次の「代わりは」の質問に繋がる。

　これらの質問を行うことで、さらに事業活動の価値を高める方法を考えてもらうのである。このフォーマットは、埋めるための質問をするのではなく、全体として網羅的に把握できているか、重要な事項が漏れていないかを確認するためのものである。プロセスを整理していく中で、相手に多くの気づきを与えることになる。

● WHYの5段活用®

	WHY？				
	具体的には	理由は	どんな良いこと	でなければ	代わりは
WHO	なぜ、○○さんなのでしょう。具体的にはどのようなことでしょう。	○○さんがされる訳は何でしょう。	○○さんだとどのような良いことがありますか。	○○さんでなければ、どうなりますか。	○○さん以外にはどなたかいらっしゃいますか。
WHEN	なぜ、その時期（タイミング、順番、頻度）にされるのでしょう。具体的にはどのようなことでしょう。	なぜ、その時期（タイミング、順番、頻度）でされる訳は何でしょう。	その時期（タイミング、順番、頻度）にするとどんな良いことがありますか。	その時期（タイミング、順番、頻度）でなければ、どうなりますか。	その時期（タイミング、順番、頻度）以外には、どんな時期（タイミング、順番、頻度）がありますか。
WHERE	なぜ、その場所なんのでしょう。具体的にはどのようなことでしょう。	なぜ、その場所でする訳は何でしょう	その場所でするとどんな良いことがありますか	その場所でなければ、どうなりますか。	その場所以外には、どんな場所がありますか。
WHAT	なぜ、その製品（サービス）にされるのでしょう。具体的にはどのようなことでしょう	なぜ、その製品（サービス）にされる訳は何でしょう。	その製品（サービス）にされるとどんな良いことがありますか。	その製品（サービス）でなければ、どうなりますか。	その製品（サービス）以外には、どんな製品（サービス）がありますか。
HOW to	なぜ、その方法にされるのでしょう。具体的にはどのようなことでしょう。	その方法にされる訳は何でしょう。	その方法にされるとどんな良いことがありますか。	その方法でなければ、どうなりますか。	その方法以外には、どんな方法がありますか。
HOW many	なぜ、そこまで（その量、回数）されるのでしょう。具体的にはどのようなことでしょう。	そこまで（その量、回数）される訳は何でしょう。	そこまで（その量、回数）されるとどんな良いことがありますか。	そこまで（その量、回数）でなければ、どうなりますか。	そこまで（その量、回数）以外には、どんな方法がありますか。

　この「WHYの5段活用®」は、ヒアリングの手法で利用するだけなく、ビジネスモデルの検証チェックにも活用ができ、再確認と再構築に応用できるメリットがある。

　まずは、事業プロセスの一つひとつに当てはめて検証チェックすると、新たな気づきや革新、イノベーションを生み出すことができる。

　例えば、WHOを例に取ると、下記のようになる。

　ある生産工程を見て、

　「なぜ、○○部門なのでしょう。具体的にはどのようなことをしていますか。」

　「○○部門がする理由は何でしょう。」

　「○○部門だとどのようなよいことがありますか。」

　「○○部門でなければ、どうなりますか。」

　「○○部門以外にはどのようなところがありますか。」

　となる。

このような質問を行うと当該プロセスを見直すきっかけと改善やイノベーションを起こす起爆になる可能性がある。

WHO以外に、WHEN、WHERE、WHAT、HOW to、HOW manyも同じように考えると、企業価値が大きく飛躍する可能性がある。

②知的資産的ヒアリングのポイント

経営者と話をし、深い内容をたずねて洗い出すには、質問項目にいくつかのポイントがある。

質問項目は、「業務プロセス」「沿革」「商品・サービスの特長と組織資産回り」「人的資産回り」「関係資産回り」「顧客提供価値」「外部環境分析（事業機会とリスク）・将来の見通し」「経営課題と戦略」に分類している。

第四章のBEN'sメソッド ® で述べたが、「業務プロセス」を丁寧に洗い出すと、よい所やさらによくするプロセスが見つかる。

では、業務流れがどのような状況になっているかを確認しよう。

次頁の表はヒアリングのポイントを表にまとめ、各プロセスにおける具体的な質問事項を整理したものである。

各質問例とその質問のねらいやポイントは表の通りである。

質問は、自分が声に出しやすいように文言も変え、スムーズに話せるようになることが大切である。口慣れすることで自分らしい質問になることがポイントである。

汎用性のあるヒアリングだけでなく、業種によって確認するポイントがあるので、それも押さえておくと内容を深めることができる。業種ごとに特長があるので、業種ならではの特長を踏まえて質問を重ねることで企業の内容がさらに把握できる。

非財務指標のヒアリングポイント

適切な質問は、経営者の気づきになります。　有効な気づきは事業の成長のきっかけになります。
そのために質問力をつけましょう。また、普段から声に出して「自分の言葉で口慣れ」しておきましょう。

質問項目	質問例	質問ポイント
業務プロセス	顧客に商品・サービスを提供するまでの一連に業務プロセスを教えてくださるでしょうか。	導入において業務プロセスから入ると経営者が答え易い。
	〈全体のプロセスが分かったのちに〉 品質向上、リードタイム短縮化、コスト削減などの取り組みをされていますか。それは、どのような取り組みでしょう。	工夫の中に知的資産があるので、聞き漏らさないこと。 どのプロセスの事かを確認することで、知的資産の位置が明確になる。
	各プロセスが正確かつスピーディに行われるように工夫されていることはございますか。各プロセスで、溜まっているもの、待っているものはございませんか。	業務プロセスが円滑であることで生産性の向上が図られている。
	工夫がうまくいく秘訣は何でしょうか。	他社との差別化要因が見つかる可能性がある。
	業務プロセス間は遅延なくスムーズに連携されていらっしゃるでしょうか。	連携が円滑であれば、社内のコミュニケーションが取られている可能性がある。 コミュニケーションの高さは社員のモチベーションの高さにつながる。
	次工程への合格基準はございますか？　あればどのような基準でしょうか。	合格基準を設定することで、品質を高める要素となる。
	手戻りがおきる事はございませんか。　起きるのはどのようなプロセスの時でしょうか。	知的負債を知る。今後の改善のテーマの候補になる。
	手順書やチェックリストは整備されていらっしゃいますか。	業務プロセスが円滑にするためには手順書はチェックリストが必要である。
	内製、外注の判断基準はどのように決めていらっしゃいますか。	外部協力会社との関係を把握する。 関係の深さと事業価値との関係を分析する。
沿革	会社の沿革で特長ある変化（ターニングポイント）になった時期はありますか。	ターニングポイントを知ることで、今日の自社を知ることができ、将来に向けた方向性を知るきっかけになる。
	どのようなターニングポイントでしょう。	々
	どのような変化が起きたのでしょうか。	々
	その変化の原因は何でしょうか	々
	その変化に対して、どのように対応されたのでしょうか。	々
	それらの対応を行う事で、社内に蓄積されたものはございますか。	々
商品・サービスの特徴と組織資産回り	特徴的な製品やサービスを教えてくださるでしょうか。	単に「強みは？」と聞くと答えづらいが、製品やサービスの特徴から聞くと答え易く、経営者とコミュニケーションが円滑に進む。
	商品・サービスの特長やこだわりをお教えてくださるでしょうか。	これを聞くことで「強み」を知るきっかけになる。
	競合先はどこであるとお考えでしょうか。	同じ製品やサービスを実施しているだけでなく、幅広く競合を捉えているかを知る。
	競合他社の商品・サービスとの違いを教えて下さるでしょうか。	違いを知ることで、将来の成長の可能性を知ることができる。
	競合他社の商品・サービスとの違いを生み出している秘訣は何でしょうか。	強みの根源を知ることができる。
	そのような違い（強み）は、どのような活動や仕組みによって生まれていますでしょうか。	々
	どのようなお客さんでしょうか。顧客構成や属性などを教えてくださるでしょうか。	顧客属性などを知る事で、ターゲットを明確にする。
	業界のトップ企業はどこでしょうか。あるいは、目標にしている企業はどこでしょうか。	目標をどこにおいているか、ベンチマークを知ることができる。
	中長期計画は、どのような手順で策定していらっしゃいますか。	外部環境や社内環境の把握力を知ることができる。
	経営ビジョンや経営方針をどのにして社内に浸透させていらっしゃいますか。	浸透の手順を確認し、共有の深さを把握する
	新商品開発や新サービスの開発はどのような手順で取り組まれていらっしゃいますか。	なぜ、その新製品を開発するのか理由を把握し、妥当性を評価する。
	どのような業務改善に取り組んでいらっしゃいますか。	なぜ、その業務改善を行うのか理由を把握し、妥当性を評価する。
	どのようにして新規顧客開拓に取り組んでいらっしゃいますか。	なぜ、その方法で新規顧客開拓を行うのか、妥当性を評価する
	どのような展示会に出展して情報発信されていらっしゃいますか。	なぜ、そのような展示会に出展するのかを、妥当性を評価する。
	社内の雰囲気はどんな感じでしょうか。（風通しがよいなど）	風土を知ることは、知的資産の根っこを知る上で大切。
	社内での情報共有のしくみはどのようにされていらっしゃいますか。 アナログ環境とデジタル環境	アナログでは、ドッチボールではなく、キャッチボールになっているか。 デジタル環境では、共有化が進んで、必要な情報が、必要な時に、必要な人に、届いているかを確認する。
	何かデータベースを使っていらっしゃいますか。 例えば顧客情報や技術データベースなど	情報資産の持つ意味は大きく、活用次第で企業活動の効率化や迅速さが生まれ競争力の元になる。

質問項目	質問例	質問ポイント
人的資産回り	高い技術や技能、ノウハウのある方はいらっしゃいますか。	どのような技術やノウハウかを聞くことで、強みを知ることができる。
	業務を進める中でキーマンはいらっしゃいますか。	キーマンの活動を知ることで、社内の強みや社員の力量を知ることができる。
	社員の必要な技能やスキルはどのように決めていらっしゃいますか。	社員の必要な技能やスキルが明確になることで、教育方針が明確になり、教育の効果も出やすくなる。また、必要なスキルは業務プロセスの円滑な実施にあるので、円滑さの視点で決めると明確にされる
	社員教育の方針はどのようなものですか。	企業方針との整合性や何に向かっているかを知ることができる。
	社員教育をどのようにされていらっしゃいますか。	々
	社員満足度はどの程度とお考えでしょうか。社員さんの定着率はどれくらいでしょうか。	定着率の高さは、社内にノウハウが蓄積されること、教育に関わる時間やコストが低減されることや、社員の忠誠度が把握できる。
	社員のモチベーションはどの程度でしょうか。	モチベーションの有無が業績向上に大きく関係する。
関係資産回り	顧客からの評価はどんな感じでしょうか。	顧客からの評価を知ることで、事業活動の方向性を知ることができる。
	経営に必要な情報やノウハウをどこから入手されていますか。	多くのチャネルを持っていることで、最適な意思決定が可能になる。また、有効な入手先を評価する。
	協力関係にある重要な会社はどのような会社でしょうか。	外部の協力企業との関係性の深さが事業活動の円滑さに関わる。
	重要な協力関係にある会社とは、どのような関係構築をされていらっしゃいますか。	々
	協力関係にある会社との関係は何年ぐらいお付き合いがございますか。	々
	同業者、異業種のネットワークに参加されていらっしゃいますか。	多くのチャネルを持っていることで、最適な意思決定が可能になる。
	社会や地域に貢献する活動をされていらっしゃいますか。	企業活動の、ゆとり度や成熟度を知ることができる。
	社会からどのように評価されているとお考えでしょうか。	社会からの評価を知っていることで、見直しや改善につなげられる。
顧客価値	顧客が貴社の商品やサービスを買う理由は何でしょうか。	顧客提供価値を認識することは最も重要である。
	顧客は何に満足されていますか。	々
	顧客に提供している価値は何でしょうか。	々
	顧客の関心事や課題は何でしょうか。	々
	顧客の志向に変化はありませんか。	々
	中長期的に達成したい顧客に関する指標は何でしょうか。	将来に向けた顧客はどのような層で、何を指標として成果を図るか。
	その実現のためには顧客にどのような価値を提供していくことが必要とお考えでしょうか。	ビジョンの精度を知ることができる。
	何をすれば、その価値を提供できるようになるのでしょうか。	々
	顧客から得ている価値は何ですか。	顧客から得ている価値を知ることで、その価値を何に活かしているかを知ることができる。顧客から得ている価値を知ること、それを活かすことで事業の成長を図る事ができる。
外部環境分析（事業機会とリスク）・将来の見通し	今後伸ばしたい分野はどのような分野でしょうか。	将来ビジョンが何かを知ることができる。
	伸ばしたい分野では自分たちの強みをどのように生かす事がでるでしょうか。	将来ビジョンとその成功のポイントを把握できている。
	自社の将来の業績にもっとも影響を与える外部要因は何でしょうか。	適切な外部要因を把握できていることで、課題や克服手段を検討しているかを知ることができる。
	業界の需要構造や流通構造に大きな変化はございませんでしょうか。	々
	技術革新や規制緩和などの大きな変化はございませんか。	々
	市場は成長していますか。縮小傾向でしょうか。	市場の把握具合を知ることができる。
	競合他社はどのような戦略をとっていますか。	競合の把握具合を知ることで戦略の精度の高さを知ることができる。
	業界への新規参入は多いでしょうか。	新規参入の状況に対する対策があるかを知る。
	海外からの輸入品との差別化はどのようにされていますか。	あらゆるモノや事象に境目が無くなり、独自性が益々求められている。どこに勝機があるかを知っているか、どのような違いを作ろうとしているのかを知ることで、事業の成功度を測る事ができる。
	海外展開は検討されていますか。	業種によっては海外展開が重要な要素になっている場合がある。将来に向けた戦略のひとつとして、どの程度準備ができているかを把握する。
	海外展開はどのようにされてますか。ターゲット市場、製品やサービス、販路などはどのようにされていますか。	海外展開における戦略に、自社の強みがどの程度活かされているかを把握できる。
	海外展開し国際市場で優位に立つ場合、どのような強みを活かしますか。	海外の状況を充分に把握した上で、何を武器に戦うかが明確になっているかを知ることで、海外展開の優位性を知ることができる。
	自社の優位性が模倣されるようなリスクはございませんか。	模倣困難性や模倣忌避性を知ることで、ビジョンの差別化を知ることができる。真似されにくさは差別化や強みの根源である。

第七章　本質を見抜く目はコミュニケーション能力である

167

	質問	意図
経営課題と戦略	3年後、5年後にどのような企業になっていたいとお考えでしょうか。	将来ビジョンの有無を知ることで、経営者のモチベーションの高さを知ることができる。
	そのために克服しなければならない経営課題は何でしょうか。	経営課題の明瞭性を知る。
	自社の収益性を向上させるためには何が必要でしょうか。	ビジョンの精度を知ることができる。
	自社のアウトプットの付加価値を高めるためには何が必要でしょうか。	経営課題と解決手順があるかを知る。
	経営基盤は安定していますか。特定の顧客や供給先に依存していませんでしょうか。	経営の安定性に対する経営者の姿勢を知る。
	自社の技術やノウハウを活かして参入できる市場はございますか。	将来の方向性を持っているか。
	後継者はいらっしゃいますか。	後継者が必要な時期であれば、事業を承継させる心構えがあるかを確認する。
	後継者にはどのように事業を承継されていますか。	事業承継の計画の精度を確認する。
	重視されている財務指標はありますか。それぞれの目標値と重視されている理由をお教えくださるでしょうか。	顧客提供価値や顧客から得ている価値、外部環境、内部価値と整合性があるか。

例えば製造業では、次の質問が考えられる。

○営業・販売部門と開発・生産部門の連携はどのようにされていますか。

○作業改善は誰が参加し、どのようにされていますか。

○標準時間、作業標準の管理はどのようにされていますか。

○作業の効率化のために、POS・EOS・EDIなどはどのように活用されていますか。

○顧客ニーズに適切に対応できるように流通加工機能で何か工夫をされていますか。

○競合製品と比較して、開発製品の企画内容と機能および価格に、どのような特色と優位性がございますか。

○競合他社との製品・サービス特性比較はどのようにされていますか。優位な点はありますか。

○製品・品質・サービス・価格・販売促進はどのようにされていますか。

○技術の伝承や教育はどのようにされていますか。

○納期遅れや品質不良、数量不足等の問題は発生していますか。発生している場合は、どのようにされていますか。

○材料や部品の保管料、金利、棚卸しなどの在庫維持費用の管理はどのようにされていますか。

○海外展開し国際市場で優位に立つ場合、どのような強みを活かしますか。

○海外商品の輸入による取扱品の差別化はどのようにされていますか。

森下勉の日々のつぶやき

◆ 狂牛病による大きなダメージが新しいビジネスを考えるきっかけになった。とのこと。生まれ変わるためには逆風が要るようだ。自分たちの強みを活かしたことも成功の要因だな。

◆「見える」ためには、とにかく書いてみることだ。書いてみて繋げてみる。すると不足している箇所が見えたり、繋がりの強さが見えてきて全体像がつかめてくる。脳は、書くことで何をしたいかをはじめて認識する。

◆ 知的資産経営は、事業の持続を実現するためのツール。人的、組織、関係の３つの資産を分類する時は、事業持続性の視点を踏まえないと意味がない。

◆ 人には「利き脳」がある。そして自分の持っている「利き脳」で価値を判断している。その色眼鏡で見るのではなく、人には違いがあることを理解することで、「誤解」「錯覚」「勘違い」がなくなり、コミュニケーションが円滑になる。

◆ 理由が分かれば不安はなくなり理由が分かれば対策が取れる。理由が分からないから混迷する。

◆ 顧客からの依頼は断らない。そのような会社が強みを発揮している。実現できれば顧客満足に繋がるし、たとえ実現できなくても、一定の成果を届けることで顧客は理解してくれる。しかし、なによりも得がたいことは、ノウハウとチャレンジする「進化の種」を社内の知的資産として蓄えられることだ。理屈を並べる前に取り組んでみることだ。

◆ 物事を伝える時は単純化することだ。複雑な事柄も単純化することで伝えやすくなり、理解や共感を得ることができる。本質（肝）を見極め、本質をだけを残し、シンプルにすることだ。

◆ 新しい設備があるから強いのではなく、新しい設備を使ってどのような価値を提供できるか、その価値がとがっているか、違いが明確になっているかが大切だ。

◆ 人は、自分で気づいて、受け入れられないと変えられないものだ。

◆ 社員が仕事にプライドが持てる組織資産や関係資産を構築することが大切だ。そのことで、人的資産の価値が高まる。

◆ 顧客は製品やサービスを買っているのではない、商品やサービスから得られる「明日」を買っている。お客さまの「明日」を知らないと、業績の向上は図れない。

◆ 重要なのは、「差」ではなく「違い」なんだ。

◆「兵農分離」や「楽市楽座」、「関所の廃止」、「先端武器の活用」は織田政権の「組織資産」である。また徳川家康との同盟は、織田政権の「関係資産」である。それらの「組織資産」「関係資産」は、信長の「革新的、合理的な思考」という「人的資産」から生まれている。

◆ 事業承継を検討するには、知的資産を分類しストーリーで捉えることが必要だ。

◆ 強い会社は、よい風土や習慣をもっている。あらゆる資産はここから生まれるといえる。

◆ コンサル支援の評価はリピートを成果指標（KPI）とするとよい。1クールが終了し、その後のフォローの依頼がないのは支援が不十分であった可能性がある。これは一般の企業が、リピート顧客があってこそ事業の継続的な発展ができるのと同じである。どれだけのリピート依頼があったかを、コンサル成果の指標（KPI）と捉えるとよいのだ。

◆ 営業は売り上げを確保することが業務のひとつだが、お客さまを育てることも大切な責務である。お客さまを育てることで自分たちの価値を知ってもらい、向上させることになるのだ。

◆ 中小企業は大きな池を目指さない。小さな池には大きな競合はいない。自分たちの体質に合う水質の小さな池を探すこと。身の丈にあった池で、身に合うおいしい魚をねらうのだ。

◆ 中小企業は新しい事業には撤退時期を決めるルールが必要だ。物事を始める時は、止めることを準備しておくこと。環境は常に変化をしている。変化に迅速な対応をするには撤退ルールを予め決めておくことが大切なのだ。

◆ いい計画書は見るだけでワクワクする。そんな計画書が事業成功の肝なのだ。

◆ 中小企業は売り上げや利益ではなく、キャッシュフローを指標にしなければならい。キャッシュフローを指標にする時は、売り上げではなく在庫と売掛に着目することが重要なのだ。

◆ モノでの違いは少なくなっている。中小企業はモノだけでなくプロセスの前工程、ビフォー・アフターサービスへの取り組みが重要になる。どれだけ先回りができるかが、違いを生む要素になるのだ。

◆ 何でもできるは何もできないのと同じ、といわれるけど、引き出しは奥で繋がっている。どこで繋がっているかが分かると、引き出しの多さは活かされる。引き出しを増やして、奥の繋がりを見つけて何でもできるようにならないといけない。

◆「知的資産をストーリー化したら、会社の状況が見えてクリアになった。ところが、このストーリーで新しいターゲットに向かうストーリーを描いてみたら、全くストーリーにならなかった。足りないものが一杯あるのが分かった。」
過去の成功体験にとらわれて失敗するのは、古いストーリーのままで新しいターゲットに向かうから。新しいストーリーを描き直していないから。新しいターゲットには、新しいストーリーを描かねばならないのだ。新しいストーリーが継続的な発展を約束するのだ。

◆ BEN'sメソッド＠、本日も絶好調。(^o^)v

◆ 新潟で知的資産経営の支援をさせていただいている内山肉店さんが、NIKS経営賞で準優勝を取得。支援者として嬉しい限り。おいしいものは、「ちょっと」がいい。欲張ってはいけないのだ。

◆ 昨夜の熱い議論で出たキーワード。企業は常に戦場にある。であれば、伴に歩む我々も常に戦場にある。常在戦場は、変化に柔軟に迅速に的確に対応できる「瞬発力」である。そのために、現場把握力、現状分析整理力、表現コミュニケーション力という「能力」と、ビジョンや考え方という「理念」、何としてでも実現するという「熱意」が備わっていなければならない。日々の活動は常在戦場で臨まねばならないのだ。

◆ 人が動いて組織が回る。組織が回って人が回るのではなく、人が回るから組織が回るのだ。順番を取り違えてはいけないのだ。

■ まとめ

　知的資産経営の目的を端的に示すと「持続的発展を実現する」ということになる。

　我が国の中小企業を取り巻く経営環境は、グローバル化や国内市場の縮小、国内産業の競争力低下、デジタル化の進展によるコモディティー化など、変化も速く厳しい環境にある。

　一方、企業は社会的責任として継続性や持続性が求められる。

　我々は、これらの厳しい環境に対応できる継続性、持続性を実現するためのツールとして知的資産経営があると考え、日々の経営指標ツールとして活かすことで持続的発展を実現できると取り組んだ事例から実感している。自社を取り巻くステークホルダーに対して「なりたい明日を実現し続ける」ことで社会的責任を果たすことができるのである。

　P・ドラッカーの著書に『経営者に贈る5つの質問』（ダイヤモンド社）がある。

　企業をよりよいものに成長させるための質問である。5つの質問は以下の通りである。

　1．われわれのミッションは何か？

　2．われわれの顧客は誰か？

　3．顧客にとっての価値は何か？

　4．われわれにとっての成果は何か？

　5．われわれの計画は何か？

　ドラッカーのこれらの質問に、知的資産経営は応えることができると考えている。知的資産経営に正面から取り組むことでミッションを明確にでき、顧客と価値ストーリーの先にある顧客提供価値も実現できる。KPIを用いた顧客提供価値や価値ストーリーを描くので成果を把握することや計画を明確に立てることも可能である。知的資産経営に取り組むことで企業の価値を高め、よりよいものに成長させることができると考えている。

　マラソンなどの長距離走において重要なのは、まず体幹の中でも「インナーユニット」と言われる一番深層のインナーマッスルで構成されている部分をしっかり作り、動かすことである。これを企業に例えると、見える資産の前に見えざる資産である「インナーマッスル」を鍛えることが重要ということである。長距離走も企業活動も、持続性発展を実現するにはインナーマッスルである知的資産を鍛えることが重要なのである。

あとがき

「電力の鬼」といわれた松永安左エ門氏は、「闘病生活」「浪人生活」「投獄生活」のうち少なくとも一つを経験することで実業家として完成すると述べたそうです。

人は何らかの大きな壁と向かい合うことで、自分の「生」について考える。それが人として完成するきっかけになる、ということのようです。

私にとって病気による約2年間の休職期間は、自分を見つめ直し自分自身の再構築をする、いわば自分作りに役立ったと感謝しています。

その2年で、学校や会社で学ぶことのできない多くの価値を得ることができました。それは多くの方々とのご縁です。知的資産経営的に言えば「関係資産」といえます。

断食や生菜食による不思議な体の感覚を体験したことと、自分は生かされているのだと教えていただいた故甲田光雄先生。先生からは生きる意味について多くの反省と気づきをいただきました。

そして、自分にとってライフワークとなった知的資産経営が、国内に導入される時にお誘いくださった当時の帝国データバンク、現近畿大学准教授の松本誠一氏。

知的資産経営が国内に紹介された時から継続的な取り組みをさせていただき、知的資産経営を深める多くの気づきをいただいた昭和電機株式会社の柏木武久会長。

金融機関として知的資産経営を10年に亘り地域企業の皆様と取り組まれ、多くの成果をあげられている但陽信用金庫の桑田純一郎理事長、藤後秀喜常務理事はじめ但陽信用金庫の皆様。

これらの方々がいらっしゃらなければ、ここまで知的資産経営は企業現場に役に立つツールとして進化できなかったと考えています。またこのことで生かされている自分も実感しています。

多忙を言い訳にして、本にまとめることを怠ってきましたが、縁あって自分自身のマイルストーン、いわば「一里塚」としてまとめることができました。

粗い原稿を丁寧に校正して頂いた井川佳子氏。出版に向けた原稿を見て「面白い、面白い」と励ましていただいた西日本出版社の内山正之社長。書籍にするために見やすく読みやすいように工夫や構成を考えていただいたウエストプランの皆さん。

そして、事例として取り上げることをご快諾いただいた、昭和電機株式会社の柏木武久会長、但陽信用金庫の桑田純一郎理事長、姫路ハウスサービスの中島弘堂社長、宮野食品工業所の宮野伸一郎社長、中農製作所の中農康久社長、あんしんケアねっとの松村薫専務、イカリ消毒沖縄の仲本明光社長。また、知的資産経営に取り組まれた多くの経営者の皆様。多くのご縁をいただき、今日あることを深く感謝しております。

現在の自分自身のミッションは「残す・伝える」ことであり、この本を通して知的資産経営やローカルベンチマークを広め、企業価値の向上の役に立てればと考えています。

　知的資産経営を更に進化させるため、今回の出版は「一里塚」であると考えています。「一里塚」の目印として、今まで取り組んできた考え方やツールを商標登録しています。それは、ええとこ活用経営®、Ben'sメソッド®、沿革気づきシート®、プロセス見える化シート®、違い発見マトリクス®、ええとこ探シート®、台形モデル®、WHYの5段活用®の8つの商標です。知的資産経営の取り組みを商標という名札を付けることで、「一里塚」として見える化できました。

　これらかも多くの皆さんのご縁（関係資産）を頂きながら知的資産経営の進化に取り組んで参ります。

◆ 参考図書 ─────────────────────────

逆説の日本史　井沢元彦　小学館
人物叢書　三井高利　吉川弘文館
マイクロカウンセリング　アレン・E・アイビー著　福原真知子ほか訳　川島書店
キャッチコピーの教科書　さわらぎ寛子　すばる舎
女の機嫌の直し方　黒川伊保子　インタナショナル新書
経営者に贈る5つの質問　P.F.ドラッカー(著),上田 惇生(翻訳)　ダイヤモンド社
江戸商人の思想　平田雅彦　日経BP社
石田梅岩　森田健司　かもがわ出版
史料が語る三井の歩み　三井文庫　吉川弘文館
ザ・ゴール　エリア・ゴールドラット　三木本 亮訳　ダイヤモンド社
ザ・ゴール2思考プロセス　エリヤフ・ゴールドラット　三本木 亮(訳)
ザ・チョイス　エリヤフ・ゴールドラット(著), 岸良裕司(監修, 監修), 三本木 亮(翻訳)
何が、会社の目的を妨げるのか　ラミ・ゴールドラット/岸良裕司(監修)　ダイヤモンド社
新しい市場のつくりかた　三宅秀道　東洋経済
ユニチャーム共振の経営　高原豪久　日本経済新聞出版社
京セラフィロソフィー　稲盛和夫　サンマーク出版
競走優位の終焉　リタ・マグレイス(著),鬼澤 忍(翻訳)　日本経済新聞出版社
ストーリーとしての競争戦略　楠木 健　東洋経済新報社
戦略読書日記　楠木 健　プレジデント社
「好き嫌い」と経営　楠木 健　東洋経済新報社
失敗の本質　戸部 良一　ダイヤモンド社
ファシリテーション・グラフィック　堀 公俊(著)、加藤 彰(著)　日本経済新聞社
フレームワークの教科書　川上昌直　かんき出版
ドラッガー最後の言葉　P.F.ドラッカー(著),窪田恭子(翻訳)　講談社
経営者の条件　P.F.ドラッカー　上田恒生　ダイヤモンド社
経営の精神　加護野 忠男　生産性出版
見えない資産の大国・日本　日下公人,大塚文雄, R・モース　祥伝社
百年続く企業の条件　帝国データバンク
価値創造の思考法　小阪裕司　東洋経済新報社
経営の教科書　新将命　ダイヤモンド社
働き方の教科書　新将命　ダイヤモンド社
組織サバイバルの教科書 韓非子　守屋 淳　日本経済新聞出版社
ベテラン融資マンの知恵袋　寺岡雅顕　銀行研修社
捨てられる銀行　橋本卓典　講談社現代新書
金融排除　橋本卓典　幻冬舎新書
日本企業の知的資本マネジメント　内田 恭彦、ヨーラン・ルース　中央経済社

【著者プロフィール】

有限会社ツトム経営研究所　所長　森下　勉
〒550-0004　大阪市西区靱本町1-10-26　レジディア靱公園605号
　　メール：morishita@dream.email.ne.jp

経歴
医薬品メーカーに27年在籍。営業を経て1982年 営業業務部に異動。
1996年　医薬データセンター室に異動。
2000年12月　退職　独立。
2002年7月　有限会社ツトム経営研究所を設立。
2002年～2008年　ドイツ外車ディーラが実施している正規ディーラ向け経営品質向上プログラム『QMA
　　　　（Quality Management of Auto house）』に参加。
2006年　IPA（独立行政法人　情報処理開発機構）　IT化促進賞受賞。
2006年　関西IT経営応援隊　ベストITサポーター賞
2006年　「中小企業のための知的資産経営マニュアル」（中小機構）事例作成
2008年　「事業価値を高める経営レポート作成マニュアル」（中小機構）作成
2009年　経済産業省「企業等における適切な情報管理および秘密管理に関する検討委員会」委員。「営業
　　　　秘密管理指針（2010年4月改訂）」の発行へ。
2009年・2010年　中小企業基盤整備機構主催　知的資産経営推進支援者向け研修テキスト作成ならびに研
　　　　修の実施。
2011年　中小機構「事業価値を高める経営レポート作成マニュアル」改訂版作成
2012年　経済産業省「統合報告書（IIRC）」策定　国際フォーラム参加（アムステルダム）
2013年　　　同　　　「統合報告書（IIRC）」策定　国際フォーラム参加（フランクフルト）
2014年　　　同　　　「統合報告書（IIRC）」策定　国際フォーラム参加（マドリッド）
2015年　経済産業省・金融庁　「地域企業 評価手法・評価指標検討会（ローカルベンチマーク）」委員
2016年　　　同　　　　　　「ローカルベンチマーク活用戦略会議」委員
2017年　　　同　　　　　　「ローカルベンチマーク活用戦略会議」委員

ポリシー
◆切に念ずることは必ず遂ぐるなり、切に念ずる心深ければ、必ず方便も出で来るべし
◆モノを弄ぶ者は志を失い、ヒトを弄ぶ者は徳を失う
◆男子三日会わざれば刮目して見よ

経営理念
『顧客の喜びを貴社（あなた）に、貴社（あなた）の喜びは我々の喜び』

"流れ"の整理だけで会社が良くなる魔法の手順
知的資産経営のすすめ

2018年 5 月12日　　初版第一刷発行
2019年12月 9 日　　　　　第二刷発行
2024年 1 月28日　　　　　第三刷発行

著　　者　　森下勉
発 行 者　　内山正之
発 行 所　　株式会社西日本出版社
　　　　　　http://www.jimotonohon.com/
　　　　　　〒564-0044
　　　　　　大阪府吹田市南金田1-8-25-402
　　　　　　［営業・受注センター］
　　　　　　〒564-0044
　　　　　　大阪府吹田市南金田1-11-11-202
　　　　　　TEL 06-6338-3078
　　　　　　FAX 06-6310-7057
　　　　　　郵便振替口座番号　00980-4-181121

編　　集　　松田きこ、株式会社ウエストプラン
デザイン　　鷺草デザイン事務所
印刷・製本　株式会社シナノパブリッシングプレス

ⓒ2018森下勉 Printed in Japan
ISBN978-4-908443-29-9

乱丁落丁は、お買い求めの書店名を明記の上、小社宛にお送りください。
送料小社負担でお取り換えさせていただきます。